L'HISTOIRE À LA CARTE
BY TM

Conception graphique : Grégory Bricout

Connectez-vous sur :
www.editionsdelamartiniere.fr
www.franceinfo.fr
www.editions.radiofrance.fr

ISBN : 978-2-7324-7420-5

L'HISTOIRE À LA CARTE
BY TM

THIERRY MARX / BERNARD THOMASSON

ILLUSTRATIONS : SERGE BLOCH

PHOTOGRAPHIES : MATHILDE DE L'ÉCOTAIS
Avec la collaboration de la styliste Marion Chatelain

Éditions
de La Martinière

SOMMAIRE

PRÉFACE

Les grandes préparations du patrimoine culinaire français ne sont jamais apparues par hasard. Ainsi que le prédisait Auguste Escoffier, la gastronomie n'est pas un art capable de se fixer définitivement, car il reflète la société et, donc, évolue avec elle.

¶ ¶ ¶ Comment comprendre le lièvre à la royale, tellement fondant en bouche qu'il suspend le temps, si l'on ignore qu'il a été créé pour Louis XIV, chasseur passionné et grand amateur de gibier mais édenté sur la fin de sa vie ? Pourquoi la choucroute, plat inventé par les Chinois il y a des millénaires puis importé en Europe par les hordes d'envahisseurs, n'est-elle devenue populaire en France qu'à l'orée du XXe siècle, sinon parce que l'annexion de l'Alsace par les Prussiens en 1870 a poussé les habitants de cette région à l'exode ? Quelle autre raison que l'arrivée massive des pieds-noirs après la guerre d'Algérie a conduit le couscous, pourtant connu à Paris depuis le milieu du XIXe siècle, à devenir le plat préféré de nos compatriotes seulement cent cinquante ans plus tard ?

¶ ¶ ¶ Dans ce livre, vous découvrirez trente histoires, formidables, inattendues, croustillantes, qui racontent les plus grandes recettes de nos cuisines familiales et de nos restaurants toqués. La blanquette de veau due au génie de Jules Gouffé pochant la viande avant de la faire mijoter ; le Front populaire qui, par les congés payés, propulsa les guinguettes et leurs moules-frites ; le petit salé débarqué à Paris avec les Auvergnats lorsqu'ils rachetèrent les brasseries de la capitale ; le paris-brest conçu pour promouvoir la course cycliste entre les deux villes, à l'époque où le vélo devenait le phénomène national ; etc.

¶ ¶ ¶ Le chef Thierry Marx connaît par cœur tous ces mets. Le romancier Bernard Thomasson aime jouer de tous les mots. Tous les deux ont déjà mis leur talent en commun à la radio, où l'émission *L'Histoire à la carte*, agrémentée des archives sonores de l'Ina, connaît un véritable succès depuis l'été 2014 sur France Info. Ici, ils prolongent ce travail, sous le regard amusé du dessinateur Serge Bloch, et avec la complicité de la photographe Mathilde de l'Écotais, afin de vous offrir, par le récit et par la recette, ces trente préparations.

¶ ¶ ¶ Tournez la page, et régalez-vous...

UN LIÈVRE À LA ROYALE POUR UN SANS-DENT À LA TÊTE DE L'ÉTAT

Versailles, 22 heures, le « grand couvert » est servi dans l'antichambre du roi. Louis XIV y a convié la reine, ses enfants et ses petits-enfants. Il prend place à son fauteuil, devant la table dressée ; des pliants sont disposés pour les convives sur les bas-côtés. Derrière lui, se tiennent, à sa disposition, le capitaine des gardes du corps, le premier médecin, le porte-fauteuil et le gentilhomme échanson, le seul habilité à lui proposer du vin coupé d'eau. Trois services vont se succéder : les potages et entrées (souvent des potées avec des viandes et des herbes), les rôts (de grandes pièces rôties, avec une faveur pour le veau, l'agneau, le jambon, plus des salades), les entremets (dont les nouveaux légumes comme les petits pois, les asperges, et autres melons qui ont remplacé les raves, carottes et navets des anciens temps). Le souper se conclut toujours par le « fruit », un dessert composé de fruits crus, secs ou confits, dressés en pyramide, de compotes et de chaussons fourrés aux pommes ou aux poires.

¶ ¶ ¶ Le Roi-Soleil avalait dru ! Sans fourchette, bien qu'elle fût déjà inventée ; il préférait ses doigts et un couteau, qu'il maniait fort bien selon ses admirateurs. Car une foule de curieux assistait au « grand couvert » : les duchesses en faveur disposaient d'un siège au premier rang, devant les autres courtisans, puis les badauds de passage. Est-ce là que la duchesse d'Orléans vit son royal beau-frère engloutir « quatre pleines assiettes de soupes diverses, un faisan entier, une perdrix, une grande assiette de salade, deux grandes tranches de jambon, du mouton au jus et à l'ail, une assiette de pâtisserie, et puis encore du fruit et des œufs durs », ainsi qu'elle le décrit dans l'une des milliers de lettres qui constituent la *Correspondance complète de Madame* ? La Palatine assista-t-elle aussi, après la formule consacrée « Messieurs, la viande du roi ! », à la dégustation par le souverain d'un de ses plats préférés : le lièvre à la royale ?

¶ ¶ ¶ Gibier parfumé mais point trop, poché dans un fumet relevé de vin, égayé de pointes d'ail et d'échalotes, servi avec une sauce liée au sang de l'animal, voilà un mets fondant à souhait que le monarque pouvait savourer... à la cuillère. Et pour cause ! Sur ses vieux jours, Louis XIV était devenu complètement édenté. Perdues, ses deux incisives de naissance qui déchiraient avec férocité les seins de ses nourrices. Arrachées, les molaires de sa mâchoire supérieure gauche, après des premières douleurs durant la campagne des Flandres. Tombées, les canines de la joue droite, suite à d'abominables douleurs au tournant du siècle. Extrait, l'ultime chicot, peu avant sa mort en 1715. Oui, l'homme le plus puissant en Europe à l'époque, souverain de la flamboyance et du raffinement, roi du paraître et de la prestance, était – ironie de l'histoire – un « sans-dent »...

¶ ¶ ¶ Dès lors ses maîtres queux surpassèrent leur imagination pour lui concocter des plats qu'il n'avait plus besoin de mâcher. Ainsi naquit le lièvre à la royale, mitonné durant des heures et servi quasiment liquide. Au demeurant, ce genre de ragoût existait déjà au sein des campagnes. Sans remonter jusqu'au Grec Aristophane – qui expliquait en 425 avant notre ère dans *Les Acharniens*: « faites bouillir, rôtissez à point, tournez, retirez le lièvre, vite » –, disons simplement que le bon peuple de Sa Majesté, interdit de chasse, braconnait sec, y compris le capucin, peureux (« Cet animal est triste, et la crainte le ronge », Jean de La Fontaine, *Le Lièvre et les Grenouilles*) mais succulent. On colletait pour alterner un peu le cochon et le poulet, pour égayer les dimanches, pour braver l'autorité, ou tout simplement pour le plaisir. Émile Zola ne s'y trompait guère dans *La Terre* : « Quand la Trouille faisait un civet, la bonne odeur s'en répandait jusqu'à l'autre bout de Rognes. Ce fut une rude fête, et qui dura toute la journée. » Menu hors de l'ordinaire donc, apprécié dans les fermes, surtout lorsque les morceaux étaient « sautés, mouillés de vin rouge et assaisonnés de cives et d'oignons », selon la définition du *Dictionnaire historique de la langue française*. Le nom du civet vient-il de cette fameuse cive, l'ancêtre de la ciboulette, ou du latin *caepatum* qui signifie « carré d'oignons » ? Ayons une préférence pour la seconde version, d'autant que c'est à Versailles que l'oignon déserta les fonds de marmite au profit du bouquet garni.

¶ ¶ ¶ D'ailleurs la gastronomie connut à ce moment-là, dans la seconde moitié du XVIIe siècle, l'un des premiers grands virages de son histoire. Les sauces acides ou épicées, qui noyaient depuis le Moyen Âge les aliments pour en masquer les désagréments (viandes mortifiées ou mal conservées), s'effacèrent au profit d'aromates comme le thym, le cerfeuil, l'estragon, la ciboulette, le romarin, le laurier ou le persil ; ces plantes participaient à la mise en valeur de la saveur réelle du produit. Plus question d'avaler des bouillies infâmes, raffinement et dégustation remplacèrent la simple nutrition. Il fallait que l'aristocratie appréciât tout ce que les officiers de bouche, maîtres queux, queux seconds, marmitons, sommeliers et autres servants passaient leurs journées entières à préparer.

Gibier parfumé mais point trop, poché dans un fumet relevé de vin

¶ ¶ ¶ Déclin des épices, essor des sauces, apparition des déglaçages de viandes, invention des coulis dont François Massialot livra plus de vingt recettes différentes dans *Le Cuisiner royal et bourgeois* en 1691, abondance des légumes verts cultivés dans le potager royal, créé par Jean-Baptiste de La Quintinie et classé aujourd'hui monument historique. Une folie en particulier s'empara de la Cour, celle des petits pois : « L'impatience d'en manger, le plaisir d'en avoir mangé, et la joie d'en manger encore sont les trois points que nos princes traitent depuis quelques jours. Il y a bien des dames qui, après avoir soupé chez le roi, et bien soupé, trouvent des pois chez elles pour manger avant de se coucher, au risque d'une indigestion. C'est une mode, une fureur ». La citation est attribuée par Alain Baraton, l'actuel jardinier en chef du Trianon et du parc de Versailles, à madame de Maintenon, maîtresse et deuxième épouse du roi. À cette époque, furent également publiés les premiers véritables livres de recettes, signés François Pierre de La Varenne, François Massialot, Nicolas de Bonnefons, Pierre de Lune, ou L.S.R. (nul n'a jamais su qui se cachait derrière ces initiales). Ils permettraient à la bourgeoisie, au siècle suivant, d'accéder à son tour à cette « grande cuisine ». Le peuple, lui, devait se contenter de bouillons, soupes, choux, navets, lard, volailles et, parfois, d'un gibier pris au collet !

Courir deux lièvres à la fois

¶ ¶ ¶ Deux cents ans plus tard, les chefs se mirent à courir deux lièvres à la fois... Aristide Couteaux d'un côté, sénateur de la Vienne, fin gourmet et excellent cuisinier, relança la recette « à la royale » de Louis XIV dans laquelle l'animal entier, garni d'ails, d'échalotes, de lard, libérait lui-même la chair de ses os dans les longues heures d'une douce cuisson ; version dite « du Poitou » à laquelle adhéra bien plus tard Joël Robuchon (natif de Poitiers). Henri Babinski de l'autre, préférait désosser le léporidé, l'emplir d'une farce de foie gras et truffes liée au sang de l'animal, et le reconstituer en rôti ; cette préparation, dite « du Périgord », fut reprise à son compte avant guerre par Prosper Montagné dans le *Larousse gastronomique*.

¶ ¶ ¶ Par ces deux visions, deux sociétés s'affrontent, à lire Jean-Paul Géné dans *Libération* en 1990 : « la bourgeoise, roturière et rurale, velours grosses côtes et montre à gousset, qui dans le secret de ses daubières sait transformer patiemment, sou à sou, le fruit de ses fermages en or au palais. Et puis l'autre, l'élégante à particule, jabot et chapeau claque, prête à dépenser sans compter et à oser sans complexe pour enrichir le meilleur et s'éblouir les sens de façon inoubliable. » Christian Millau rapporte aussi, dans le *Dictionnaire amoureux de la gastronomie*, comment Colette, qui habitait au 9 rue du Beaujolais à Paris, s'opposait à Raymond Oliver sur la question : « "Quelle idée d'embaumer un lièvre dans le foie gras !" [...] Adossée à un empilement de coussins, la vieille vagabonde du Palais-Royal feignait une colère envers son voisin et ami [...] "monté" à Paris pour redonner vie au Véfour moribond. » Colette, citée par le chroniqueur culinaire Jacques Tiano dans *Le Cercle de minuit* sur TF1 en 1995 : « Laquelle d'entre vous se doute, lectrices, en savourant l'authentique "lièvre à la royale", fondant, chaud dans la bouche, que soixante [...] gousses d'ail ont coopéré à sa perfection ? [...] Sacrifiées à sa gloire collective, réduites à une consomption sans seconde, les soixante gousses d'ail, méconnaissables, sont pourtant présentes, indiscernables, cariatides qui soutiennent une flore légère et grimpante d'épices potagères... » (*Prisons et Paradis*)

¶ ¶ ¶ Pour ses quatre-vingts ans, le 28 janvier 1953, Colette se délecta, en bas de chez elle, au Grand Véfour, d'un lièvre à la royale préparé par son ami Raymond Oliver, sans doute façon périgourdine. Près de quinze ans plus tard, en novembre 1967, Paul Bocuse réalisa, pour un dîner du Club des Cent[1], un mémorable lièvre à la royale, sûrement façon poitevine. Et chaque année, l'association « Les parents des lièvres » organise des dégustations avec une seule ambition, que précisait l'un de ses membres, Alain Kritchmar, en 2011 sur France Bon Appétit (la Web TV du ministère de l'Agriculture valorisant les produits français) : « Le but est de déterminer la vraie recette du lièvre à la royale, et comme il n'y a pas de vraie recette, on les essaye toutes ! »

1 Club secret de gourmets et chefs, fondé en 1912, et qui ne compte que cent membres cooptés.

« Comme il n'y a pas de vraie recette, on les essaye toutes ! »

« Le lièvre à la royale est un plat essentiel, pour lequel il faut une précision absolue : celle du geste dans la découpe du lièvre, celle du grammage pour la chair de la farce, celle du temps de cuisson. Si vous maîtrisez ces trois éléments, vous obtiendrez un résultat sublime. » *TM*

LIÈVRE À LA ROYALE

Ingrédients pour 8 personnes :

- 1 lièvre, le cœur, le poumon, le foie
- 270 g d'échalotes
- 5 à 6 gousses d'ail
- 90 g de truffe hachée
- 90 g de mie de pain
- 315 g de gorge de porc
- 1 œuf
- 1 cuillerée à café d'herbes (cerfeuil et persil plat)
- 280 g de foie gras cru
- 800 g de barde (pour entourer le corps du lièvre)
- 2 litres de vin rouge
- le sang du lièvre
- 1 pointe de chocolat à 90 % de cacao
- sel
- poivre

Préparation :

- Demander à votre boucher de préparer le lièvre : inciser le ventre, extraire les viscères, le foie, le cœur et garder le sang.
- Réaliser une farce avec les ingrédients (sauf le foie gras) hachés : les abats, les échalotes, l'ail, la truffe, la mie de pain, la gorge de porc et l'œuf ; ajouter des herbes. Saler et poivrer. Ajouter 180 g de foie gras cru coupé en petits dés.
- Garnir le lièvre de la farce et le ficeler avec la barde à l'aide d'une ficelle à viande. Le déposer dans un grand plat.
- Pocher dans un bon fond de lièvre à base de très bon vin rouge pendant 2 heures en fonction de la taille du lièvre (départ du fond à 250 °C pendant presque 1 heure, puis à 170 °C pendant encore 1 heure).
- Garder le jus de cuisson et le sang pour réduire la sauce avec le reste de foie gras, y ajouter une pointe de chocolat à 90 % de cacao.
- Pour la découpe, laisser reposer ¼ d'heure, enlever la barde avec beaucoup de précaution. Découper le lièvre comme un saucisson, en tranches un peu épaisses, et napper de sauce. Servir avec des pâtes fraîches, des gnocchis ou des macaronis.

LA MELBA, CANTATRICE QUI AVAIT LA PÊCHE, LUI A DONNÉ SON NOM

Sur un des quais de Waterfront City, à Melbourne, une femme se tient droite, fière, la main gauche posée sur la hanche dans un geste désinvolte. Son regard cherche au loin, vers l'horizon infini de la mer, le souvenir de voyages merveilleux qui l'ont portée jusqu'aux antipodes. Sa chevelure épaisse, tirée vers l'arrière, semble flotter au vent malgré la posture inscrite ici pour l'éternité. De ses lèvres à peine fermées, elle pourrait presque encore fredonner l'air de Violetta dans *La Traviata*, Rosina dans *Le Barbier de Séville* ou Mimi dans *La Bohême*. Helen Porter Mitchell, ainsi figée dans sa statue de bronze, laisse à peine deviner qu'elle fut, à l'aube du XXe siècle, l'une des plus belles voix au monde, sinon par les cinq lettres dorées, gravées au pied de l'effigie, qui dévoilent son nom de scène : « Melba » (diminutif de Melbourne, sa ville d'origine, où elle donna son premier concert).

¶ ¶ ¶ Comme pour toutes les divas qui sacrifient leur prénom à leur talent, « la Melba » fit oublier Nellie (Helen, trop commun, avait déjà succombé) ; cette soprano colorature en fit frissonner plus d'un, avec sa tonalité de cristal qui s'envolait dans les aigus comme un oiseau vers le ciel. Après des débuts honorables en Australie, puis à Londres et Paris, c'est en chantant *Rigoletto* à Bruxelles en 1887 qu'elle se révéla grande cantatrice, par la souplesse de son phrasé, la pureté de son timbre, l'étendue de sa tessiture. Dès lors, sa carrière internationale la conduisit sur les deux rives de l'Atlantique, où elle triompha, du Palais Garnier parisien au Metropolitan new-yorkais, de la Scala de Milan à l'Oper de Berlin, et surtout à Covent Garden à Londres. Avec cette dernière salle, le Royal Opera House, devant laquelle son effigie en marbre veille toujours, elle noua une relation plus intime tant les succès y furent nombreux : *Carmen*, *Otello*, *Aïda*, *Le Barbier de Séville*, etc. Elle y interpréta aussi, et à plusieurs reprises bien qu'elle ne fût pas à son aise avec Wagner, le rôle d'Elsa dans *Lohengrin*.

¶ ¶ ¶ Ainsi ce 15 juin 1894, quelques jours après l'ouverture de la saison par *Faust* (lui valant ces mots du critique George Bernard Shaw : « impossible, tant que vous n'avez pas entendu la Melba, de prendre conscience du fossé entre le chanteur ordinaire, qui évite simplement les fausses notes, et celui qui se donne à fond et véritablement dans le ton ») ; ce soir-là, dans les tout premiers rangs de la salle, en fauteuil d'orchestre, un homme timide qu'elle avait invité pour le remercier de la qualité des repas qu'il lui préparait chaque jour au Savoy, l'hôtel voisin, où elle résidait, et dont il avait la charge des cuisines : Auguste Escoffier.

¶ ¶ ¶ La suite, Escoffier la raconte lui-même : « On sait que, dans cet opéra, il apparaît un cygne. Madame Melba donnait le lendemain soir un petit souper à quelques intimes, dont Monseigneur le duc d'Orléans était parmi les convives, et pour lui montrer que j'avais agréablement profité des fauteuils qu'elle m'avait gracieusement offerts, je fis tailler dans un bloc de glace un superbe cygne et, entre les deux ailes, j'ajoutai une timbale en argent. Je couvris le fond de la timbale de glace à la vanille et sur ce lit de fine glace, je disposai des pêches à chair blanche et tendre [...] pochées pendant quelques minutes dans un sirop à la vanille et refroidies. Une purée de framboises fraîches couvrait complètement les pêches. Un léger voile en sucre filé complétait délicieusement cet entremets. » En relais de cette lettre manuscrite, issue des collections de la fondation Escoffier (la maison natale du chef à Villeneuve-Loubet), voici un savoureux dialogue, diffusé en 1968 à la télévision, entre un journaliste de l'ORTF Nice et le directeur de cette fondation : « – Quand il a présenté la pêche à la Melba, elle lui a demandé : “ Mais comment s'appelle ce dessert ? ” – Ah ! Il lui a dit : “ Avec votre permission, il s'appellera Melba ! ” »

« Avec votre permission, il s'appellera Melba ! »

¶ ¶ ¶ Nellie Melba, star avant l'heure – elle fut l'une des premières à graver sa voix sur des enregistrements phonographiques – était adepte, déjà, du marketing grâce à un sens inouï des affaires ; après la vente à succès de son parfum, aux États-Unis, elle y fit déposer son nom qui s'associa aisément à des coiffures, des gants ou des vêtements « à la Melba ». Alors pourquoi pas une pêche à Londres ? Quant à Auguste Escoffier, amateur d'art lyrique, il avait inventé trente ans plus tôt la poire Belle-Hélène en hommage à une autre cantatrice, Hortense Schneider, qui envoûtait le public dans *La Belle Hélène* d'Offenbach. Sans doute, cuisine et opéra présentent des points de convergence ; tous deux nécessitent un travail intense, des qualités hors du commun, et une persévérance à toute épreuve pour espérer atteindre l'élite, à l'image de Nellie Melba et Auguste Escoffier, alors au sommet de leur art en ce mois de juin 1894.

¶ ¶ ¶ La gastronomie contemporaine doit tant à Escoffier qu'il serait vain d'en dresser ici le bilan. Dans la lignée de son auguste prédécesseur Antonin Carême, il théorisa la cuisine, simplifia les recettes, allégea les plats, codifia les gestes, adapta les mets à leur temps, transforma les cartes en menus à prix fixes, inventa les brigades, imposa des règles d'hygiène et de sécurité, lutta pour de meilleures conditions sociales des cuisiniers. Selon Jean-Pierre Poulain et Edmond Neirinck, dans *Histoire de la cuisine et des cuisiniers*, il était un « concepteur, un novateur, un écrivain, un humaniste ». Sa pédagogie permit à ses disciples, venus du monde entier, de s'épanouir dans ce métier si difficile. Lui-même avait renoncé très jeune à un idéal artistique de sculpteur pour entrer en apprentissage chez son oncle François, au Restaurant Français à Nice ; début d'une carrière internationale qui lui valut de devenir le premier chef décoré comme officier de la Légion d'honneur.

¶ ¶ ¶ Son petit-fils, Pierre, venu présenter le livre *Souvenirs inédits* de son aïeul, dans l'émission *Apostrophes* sur Antenne 2 en 1985, évoquait un regard visionnaire : « La signification profonde de son œuvre est d'avoir conçu, dès 1900, que l'art culinaire était fonction de la société, des goûts de la société, et par conséquent se modifierait au fur et à mesure des temps, parce qu'il n'était pas pensable un seul instant de le fixer de façon définitive. » À partir d'Escoffier, la cuisine, sans cesser d'être un art, serait de moins en moins empirique et de plus en plus précise.

Pour Escoffier, l'art culinaire était fonction des goûts de la société

¶ ¶ ¶ De fait, au tournant du siècle, ce génie des fourneaux accompagne une révolution dans la société : le tourisme. Oh ! de luxe, certes, encore jusqu'au Front populaire, mais en plein essor tout de même. Le chemin de fer draine les plus fortunés, qui colonisent la Normandie, la Côte d'Opale, ou la Côte d'Azur ; ils jouissent des bienfaits de villes d'eaux, ils apprécient les palaces flambant neufs. Grâce à sa rencontre avec César Ritz – l'homme qui inventa l'hôtellerie cinq étoiles –, Auguste Escoffier devint son chef attitré. Première collaboration au Grand Hôtel de Monte-Carlo, avant que le duo fût appelé à Londres pour réorganiser, avec succès, le Savoy (où la pêche Melba vit donc le jour) ; suivirent le Grand Hôtel à Rome, le Ritz à Paris, le Carlton à Londres. Escoffier y acheva sa carrière, laissant derrière lui de nombreux livres dont la bible pour des générations de cuisiniers, petits et grands : *Le Guide culinaire*. Nombreux sont ceux, aujourd'hui encore, à y puiser de précieux conseils, ce qui n'est nullement un péché !

¶ ¶ ¶ Le pêcher. Conduirait-il à la sagesse ? Pour dispenser son enseignement, Confucius, paraît-il, s'asseyait sous cet arbre – originaire de Chine il y a plus de 5 000 ans – qui, suivant la route de la soie, essaima ensuite vers l'Occident en passant par la Grèce, l'Italie, puis la France. La Quintinie, jardinier de Louis XIV, le cultivait à Versailles pour en approvisionner la table royale, surtout en septembre « véritable mois des bonnes pêches [...] ce n'est que par grandes pyramides qu'on en sert à chaque repas » *(Instructions pour les jardins fruitiers et potagers).*

¶ ¶ ¶ À l'instar de la parodie de Pierre Desproges dans le *Manuel du savoir-vivre à l'usage des rustres et des malpolis* en 1981 – « Pour bien réussir le cheval Melba, prenez un cheval. Un beau cheval. Le poil doit être lisse, c'est un signe de bonne santé. » –, pour réussir la pêche Melba, il faut une belle pêche. Plutôt à chair blanche, afin de respecter la recette originale ; on dit en outre qu'elle a davantage de finesse. Sa peau doit être « veloutée et fraîche », conseil de Victor Hugo dans l'ode à ce fruit, improvisée sur un coin de table et parue dans *Océan* : « D'attraits ravissants pourvue / Seule, elle réunit tout / Ses appas charment la vue / Et chacun vante son goût. »

¶ ¶ ¶ Enfin, une recommandation pour dresser ce dessert, vu sa fragilité : observer la plus fervente prudence, sous peine de vivre le drame de l'héroïne de *La Repentie* de Didier Daeninckx, qui a « déjà posé trois profiteroles, deux banana split sur la table et, comme par hasard, la pêche Melba du costaud vindicatif lui échappe des mains. Le fruit, la chantilly, le sirop, le chocolat chaud aspergent sa chemise, se répandent sur son pantalon, ses chaussures. » Voilà une déstructuration moins attrayante que la « fondue de pêche Melba » servie le 30 juillet 2011 au restaurant El Bulli, en Espagne, le soir de sa fermeture définitive. Ultime plat de l'ultime office, comme l'ultime hommage d'un maître envers un autre, histoire de marquer la fin d'une ère gastronomique allant de Gustave Escoffier à Ferran Adrià.

« Ses appas charment la vue / Et chacun vante son goût »

« Pour la pêche à la Melba, le cadrage d'Escoffier demeure fondamental mais ne reste pas gravé dans le marbre. Rien n'empêche d'y apporter une petite touche personnelle : un autre fruit rouge, une manière différente de pocher le fruit, plus ou moins de glace. De surcroît, ce dessert est rapide à confectionner et, en général, il fait l'unanimité. Alors pas d'hésitation ! » *TM*

PÊCHES MELBA

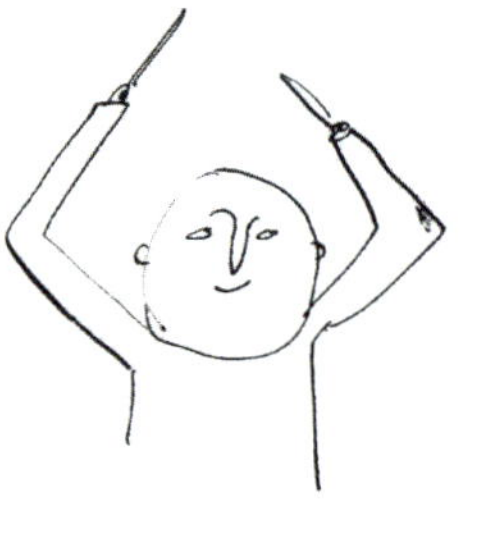

Ingrédients pour 4 personnes :

- 1 l d'eau
- 200 g de sucre en poudre
- 1 gousse de vanille
- 4 belles pêches
- un quart de litre de glace à la vanille
- 6 cuillerées à café de purée de framboise

Préparation :

- Faire un sirop : porter à ébullition pendant 5 minutes l'eau, le sucre et la gousse de vanille. Pocher les pêches entières pelées dans le sirop vanillé pendant 8 minutes. Les laisser refroidir, les ouvrir, les dénoyauter, les dresser en timbale sur une couche de glace à la vanille, et y ajouter une pointe de purée de framboise.

BUYER
FRANCE

LE HAMBURGER REMONTE-T-IL À GENGIS KHAN ?

En prononçant sa célèbre phrase « Ich bin ein Berliner[1] », le président américain John Fitzgerald Kennedy aurait pu prêter le flanc à quelque humoriste, le *Berliner* étant en effet un beignet fourré à la confiture, spécialité de Berlin. C'est ainsi en Allemagne, les villes donnent parfois leur nom à des plats remarquables : le *Frankfurter* pour la saucisse fine en hot-dog, le *Bremer* pour une sorte de casse-croûte au poisson, et le *Hamburger* devenu planétaire grâce aux ouvriers s'exilant vers les États-Unis.

1 « Je suis un Berlinois ».

¶ ¶ ¶ Mais la légende raconte que, dès le XIIe siècle, Gengis Khan et ses guerriers chevauchaient pendant de longues journées avec un morceau de viande hachée placé sous leur selle, d'une part pour l'attendrir, d'autre part pour pouvoir la saisir d'une seule main durant leurs interminables voyages. Sans oser évoquer la qualité gustative ou odorante de cette nourriture, macérée sous le soleil et les fesses des cavaliers, faut-il faire remonter le hamburger aux steppes d'Asie centrale ? En tout cas, lors de la prise de Moscou en 1238, l'un des descendants du conquérant mongol y aurait emmené le steak haché de son aïeul, steak que les Russes appelèrent *tatar*, en référence à ces envahisseurs nomades. Au fil des siècles, le plat essaima toute l'Europe, sous diverses formes, se confondant avec la traditionnelle boulette de viande dont les Juifs – tant ceux d'Europe centrale que de la Méditerranée – sont friands. Il devint très populaire à Hambourg, où il conquit donc son patronyme.

☛ ¶ ¶ ¶ C'est là que les migrants allemands quittaient leur pays depuis le port de la ville. Pour eux, à bord des bateaux, on préparait le fameux steak de bœuf haché et salé, accompagné d'oignons et de chapelure, parfois fumé pour être mieux conservé. À leur arrivée à New York, ils n'étaient pas dépaysés puisque des vendeurs ambulants proposaient à leur tour cette préparation simple et rapide. En 1921, au Kansas, Billy Ingram inventa le petit pain rond qui encadrait la viande aplatie et passée au gril, et il créa la première enseigne spécialisée, White Castle (aujourd'hui plus de 400 restaurants). Puis le hamburger, grâce à Popeye, conquit l'Amérique tout entière. En effet en 1931, l'un des personnages de la bande dessinée, Wimpy, en dévorait à tour de bras. Un entrepreneur lança alors à Chicago une chaîne, les Wimpy's, suivi de peu par les frères McDonald, en Californie. Ainsi naquit le burger mondialisé tel que nous le connaissons aujourd'hui, indissociable de la vilaine odeur d'huile des fast-foods et de la frite un peu grasse qui colle aux doigts.

¶ ¶ ¶ En France, Auguste Escoffier proposait déjà en 1902, dans *Le Guide culinaire*, sa propre recette de hamburger (qui désigne aux XIXe et XXe siècles davantage la viande que la formule actuelle entre deux tranches de pain). C'était autre chose. Faisant rissoler la moitié d'un oignon, il l'intégrait à la viande hachée, avec un œuf, du sel, du poivre et de la muscade. Les boulettes, farinées, étaient ensuite dorées à la poêle – « l'à point se constate quand, ayant été retourné, le sang perle à la surface » –, puis déposées dans l'assiette où les derniers carrés d'oignon ciselé, encore brillants, libéraient leur délicat fumet. Prosper Montagné reprit à son compte cette préparation « à la hambourgeoise », en suggérant de la « façonner en forme de bifteck ; fariner ; sauter au beurre clarifié en conservant l'intérieur un peu rosé » (*Le Grand Livre de la cuisine*, 1929).

¶ ¶ ¶ La version fast-food, moins qualitative, s'impose seulement dans les années 70, ainsi que le relate un reportage de FR3 Nord-Pas-de-Calais de l'époque : « Le hamburger commence à entrer dans les habitudes alimentaires, ou plutôt dans une façon de vivre. Le repas familial n'est plus sacro-saint, place maintenant aux repas pratiques ! » Les femmes travaillent, on mange sur le pouce, les gosses raffolent des cadeaux dans les menus. En réalité, le premier Wimpy avait ouvert dès 1961 rue du Quatre-Septembre, près de l'Opéra à Paris, sous l'impulsion de Jacques Borel. Cet homme, touche à tout culinaire de génie, fut aussi l'inventeur des tickets restaurants, le promoteur de la TVA à 5,5 % dans la restauration et le créateur des Restoroutes. Brocardés par Coluche dans une parodie du chanteur belge presque homonyme (Jacques Brel) : « ce plat pourri qui est le mien », pastichés par Brok et Chnok dans *Les Visiteurs du mercredi* : « – Si on faisait une halte dans un Restociel ? – Sûrement pas ! Dans les Restociel, les prix pratiqués sont excessifs par rapport à la qualité de la nourriture », les Restoroutes ont pourtant perduré dans le groupe Accor né de la fusion entre Jacques Borel International et Novotel, avant d'être repris par Elior sous la marque L'Arche.

¶ ¶ ¶ Quant aux hamburgers, ils restent l'emblème en France des années disco portées par la musique des Bee Gees dans *Saturday Night Fever*, film culte de John Badham sorti en décembre 1977 aux États-Unis, où le jeune et fringant John Travolta se déhanche sur une piste multicolore. Au même moment, un artiste français tente un mariage risqué entre cuisine et musique : « Vous commencez par prendre un grand saladier et vous y mettez un bon kilo de caisse bien fraîche ; sans plus attendre 800 grammes de caisse claire grasse ; [...] une pincée de charleston ; bon, surtout ne pas oublier la basse, 700 grammes bon poids ; [...] le moment est venu d'ajouter simultanément un tiers de guitare, un quart de clarinette, un filet de synthétiseur, et un doigt de cuivres. » Il faut bien avouer qu'avec *Ciceron c'est pas carré ou la recette du disco*, Pierô n'a pas vraiment connu le succès.

Les femmes travaillent, on mange sur le pouce

¶ ¶ ¶ Un mot sur le chef emblématique qui émerge à l'époque, Jean-Marie Amat, une des premières grandes signatures de la gastronomie française. Il assumait son terroir, sa forte sensibilité et assurait un toucher exceptionnel du produit bordelais. Celui qui revendiquait une cuisine d'auteur, et expliquait à Patricia Martin dans *Alter Ego* sur France Inter : « Il faut laisser aller son instinct et son savoir-faire, mais son savoir-faire personnel », créa avec l'architecte Jean Nouvel un lieu d'exception en aménageant une ancienne longère du XVIIIe siècle pour ouvrir, à la fin des années 80, le restaurant de ses rêves, le Saint-James. Sans doute n'y servait-on pas de hamburger.

¶ ¶ ¶ Pourtant, ce mets n'est pas dénué de tout intérêt nutritionnel. À condition d'utiliser un bon pain, une viande de qualité, une sauce légère, d'y ajouter deux ou trois belles feuilles de salade et pourquoi pas de la tomate et du cornichon. À condition aussi de ne pas y associer la boisson gazeuse riche en sucres ou les frites trop grasses qui sont en général incluses dans la plupart des menus. Au reste, l'image du hamburger évolue. Certains étoilés le réinventent : autour du magret de canard et du foie gras (Éric Frechon), de la sauce barbecue Amérique profonde (Laurent André), ou de cervelas pistaché au coulis de cresson (Alain Ducasse). En Thaïlande, on en trouve même où le pain est remplacé par du riz compressé.

Le hamburger n'est pas dénué de tout intérêt nutritionnel

¶ ¶ ¶ Le commissaire Maigret, de son côté, préférait « un bon sandwich et une bière ». L'écrivain suisse Albert Cohen garnissait le sien, dans *Les Valeureux*, de choses étonnantes : « À l'extrémité de droite, des filets de hareng, deux œufs durs et des olives dénoyautées ; au milieu des boulettes aux tomates et à l'ail ; enfin à l'extrémité de gauche de la confiture de roses et du nougat au sésame. » Dans *À l'ombre des jeunes filles en fleurs* Marcel Proust évoquait une autre forme de strates : « elle avait commandé pour nous à l'hôtel des "Croque-Monsieur" et des œufs à la crème. » Enfin, les amateurs du septième art pourront toujours revoir *Harold et Kumar chassent le burger*, l'histoire de deux adolescents lancés dans une série d'aventures pour atteindre le restaurant White Castle, celui-là même qui vend de délicieux hamburgers.

Clin d'œil à une version « froide » du hamburger, le club sandwich, arrivé à Paris dans les années 30 par les bars anglais, qui tenaient la recette de leurs cousins d'outre-Atlantique. Alain Da Silva, directeur du Harry's Bar, précise que « l'établissement était connu pour ses cocktails en soirée, mais comme beaucoup de clients consommaient aussi le midi, le patron Harry MacElhone eut l'idée de proposer le fameux club sandwich » dont la fabrication demeure ici immuable depuis plus de cent ans, avec notamment une mayonnaise maison. L'autre ingrédient majeur est bien sûr le pain de mie. Citons celui produit dans une entreprise de Châteauroux fondée par un fils de boulanger, qui sympathisa au lendemain de la Libération avec les Américains de la base aérienne de l'Otan. Découvrant ce pain si particulier, Paul Picard alla acquérir le savoir-faire aux États-Unis avant de revenir créer la maison Harry's, aujourd'hui propriété du groupe Barilla, dont les farines extrêmement pures sont à l'origine du moelleux. Une réussite industrielle exemplaire née d'une belle histoire d'amitié.

« Le hamburger, bien sûr, c'est avant tout le rêve américain. Mais n'oublions pas la tradition française de la boulette, ni le fait que la viande hachée est partie de chez nous pour ensuite voyager vers les États-Unis. Le produit est souvent critiqué, or tout y est bon : deux tranches de pain toasté, du bœuf de qualité, des oignons frais, une sauce signature. Bref, le hamburger peut, l'air de rien, être excellent, voire devenir gastronomique. » *TM*

HAMBURGER

Préparation :

¶ Toaster le pain sur une plaque, après l'avoir légèrement beurré.

¶ Ciseler l'oignon en gardant la forme de la rouelle.

¶ Couper le cornichon en tranches longues et en biseau.

¶ Cuire la viande au gril ou à la poêle, plus ou moins saignant selon le goût. Saler et poivrer.

¶ Sur le pain toasté, déposer la salade, la tomate, la viande, le fromage, l'oignon, le cornichon, à nouveau salade, la sauce, et la deuxième tranche de pain. En croquant, on presse, et le jus de la viande imbibe le tout pour donner de l'onctuosité. Servir avec des frites.

Ingrédients pour 1 personne :

¶ 1 pain bun
¶ 40 g d'oignon rouge
¶ 1 cornichon de belle taille
¶ 1 steak haché (grosse grille)
¶ 2 feuilles de salade
¶ 2 tranches de tomate
¶ 2 tranches d'edam
¶ une sauce de son choix (barbecue, tomate, moutarde, mayonnaise ; ou procéder à un mélange entre plusieurs de son choix)
¶ des frites (que l'on peut faire soi-même ou acheter prêtes à cuire)
¶ sel
¶ poivre

LA MÈRE POULARD NOURRISSAIT LES PÈLERINS À TOUTE HEURE AVEC SON OMELETTE SOUFFLÉE

Ils sont cinq autour de la table ronde, trois hommes et deux femmes. L'une d'elles porte un tailleur pied-de-poule noir et blanc, austère, fermé par de gros boutons noirs. Un collier autour de son cou ne parvient pas à rendre son visage aimable. La coiffure ample, dont le brushing a dû prendre des heures, n'y aide pas vraiment. Il s'agit de Margareth Thatcher. Face à elle, costume gris impeccable, cravate aux rayures bordeaux, son interlocuteur garde l'œil pétillant malgré la pâleur qu'il arbore ; il a le teint blême des gens malades. Le crâne est dégarni, le nez proéminent, les pommettes saillantes. François Mitterrand ne sait pas si son cancer lui laissera achever le deuxième mandat qu'il vient à peine d'entamer. L'homme s'éclipsera d'ailleurs en toute discrétion pour recevoir des soins, dans le courant de l'après-midi, abandonnant son hôte, seule, à la visite de l'abbaye. Pour l'heure, tous les deux déjeunent, avec leurs conseillers. Nous sommes le 30 novembre 1988.

Un plat avec peu de produits, rapide à confectionner, nourrissant et bon marché

¶ ¶ ¶ Afin de préparer un Conseil européen de la plus haute importance, le surlendemain à Rhodes, le couple franco-britannique se retrouvait ce jour-là au Mont-Saint-Michel. Ce n'était pas un hasard, comme l'expliquait, au journal Soir 3, le conservateur du monument Nicolas Simonnet : « Dans l'histoire, effectivement, le Mont-Saint-Michel a joué un certain rôle dans les rapports entre la France et l'Angleterre, puisque ce fut le lieu d'une rencontre entre Henri de Plantagenêt, duc de Normandie et roi d'Angleterre, d'un côté, et Louis VII, roi de France, de l'autre, dans la seconde moitié du XIIe siècle. Plus tard, ce fut aussi un haut lieu de la guerre de Cent Ans, puisque pendant trente ans le Mont-Saint-Michel a été une des trois seules places fortes que les Anglais n'ont pas réussi à prendre. »

¶ ¶ ¶ Grand amateur de symboles, François Mitterrand avait décidé d'inviter Margareth Thatcher dans un restaurant où il avait déjà mangé en tant que chef d'État en 1983 à l'occasion du coup d'envoi des travaux de désensablement du Mont ; la table la plus renommée du site comme le précisait le journal télévisé de FR3 Caen : « En tout début d'après-midi, le président Mitterrand et le Premier Ministre britannique s'étaient posés au Mont-Saint-Michel, venant de Dinard. Monsieur Mitterrand et madame Thatcher ont gagné à pied l'auberge de la Mère Poulard, où a eu lieu un déjeuner de travail de plus de deux heures, et où a été notamment servie la célèbre omelette. » Amorcé par le bruit des pales d'hélicoptères, le reportage se poursuivait par le rythme sec et lancinant du fouet dans la bassine en cuivre, où ladite omelette était battue avec vigueur avant de cuire à l'ancienne, dans une poêle munie d'un interminable manche afin de la maintenir au-dessus du grand feu de bois flambant dans l'âtre.

¶ ¶ ¶ Car pour l'omelette soufflée créée par la Mère Poulard un siècle plus tôt, le cérémonial comptait autant que les ingrédients. Annette Boutiaut de son vrai nom, née à Nevers en 1851, fut engagée à vingt et un ans comme femme de chambre par l'architecte en chef des monuments historiques. Lorsque celui-ci reçut pour charge de restaurer (déjà) le Mont-Saint-Michel, il y séjourna avec toute sa famille, y compris la petite niversaise qui s'éprit là-bas du fils du boulanger, Victor Poulard. Les deux tourtereaux convolèrent à Paris, en 1873, mais revinrent au pays du jeune mari pour tenir l'auberge Saint-Michel Tête d'Or, juste dans la grande rue qui monte à l'abbaye. Afin de satisfaire les pèlerins de plus en plus nombreux au fur et à mesure de la réfection du site – ces derniers pouvaient se présenter, en fonction de la marée, à n'importe quelle heure du jour ou de la soirée, affamés –, Annette eut l'idée d'un plat avec peu de produits, rapide à confectionner, nourrissant et bon marché, dont la simple odeur de cuisson serait le meilleur appât (en plus des rabatteurs à l'assaut des visiteurs dès le débarcadère). Ainsi naquit la légende de l'omelette soufflée.

« L'omelette était beaucoup plus délicate quand on ne battait pas le blanc et le jaune des oeufs ensemble »

¶ ¶ ¶ Le mystère demeure sur la recette d'autant que, dans une lettre adressée en 1922 au restaurateur parisien Robert Viel (il deviendra ensuite bibliothécaire de l'Académie des gastronomes), la Mère Poulard maintient le flou : « je casse de bons œufs dans une terrine, je les bats bien, je mets un bon morceau de très bon beurre dans la poêle, j'y jette les œufs et je remue constamment. » Certains ont invoqué le beurre normand, sa qualité et sa quantité, la cuisson rapide sur feu vif, l'ajout de crème fraîche, ou le fait de battre séparément les blancs et les jaunes d'œufs.

¶ ¶ ¶ Sur ce dernier point, Curnonsky racontait avoir reçu une lettre du fils de la défunte, accréditant la thèse que sa mère aurait bêtement copié Honoré de Balzac. Dans *La Rabouilleuse*, on peut lire en effet : « Il a découvert que l'omelette était beaucoup plus délicate quand on ne battait pas le blanc et le jaune des œufs ensemble avec la brutalité que les cuisinières mettent à cette opération. » Néanmoins, le biographe Émile Couillard, abbé au Mont-Saint-Michel et auteur de *La Mère Poulard* (dont il fut contemporain), lui fait s'écrier : « pouvez-vous penser que j'aurais perdu tous ces blancs ? Non, je prenais les œufs et les battais *tels quels*. Quant à la crème, pure invention » !

¶ ¶ ¶ La Mère Poulard a emporté son secret dans sa tombe, néanmoins son omelette soufflée, énorme parce que gonflant à la cuisson, mousseuse dans l'assiette, devint vite renommée au-delà de la Normandie. Peut-être grâce au feuilleton illustré *La Famille Fenouillard*, paru entre 1889 et 1893, du dessinateur Christophe ? Un épisode l'évoque : « M. Fenouillard est déposé sur un lit où il continue à dormir à poings fermés, tandis que sa noble famille essaye de se refaire en absorbant une omelette de 36 œufs ; ce qui réjouit le cœur de madame Poulard aîné (*À la renommée des bonnes omelettes*). »

¶ ¶ ¶ Pour autant, la cinquième édition du *Dictionnaire de l'Académie française* évoquait dès 1798 l'omelette soufflée : « OMELETTE. substant. fém. Œufs battus ensemble, et cuits dans la poêle avec du beurre, du lard ou de l'huile. *Omelette au beurre. Omelette au lard. Omelette soufflée. Omelette baveuse* » sans en préciser la spécificité. Sinon, les omelettes en général, il en est question depuis toujours. On trouve une « *homelaicte* » dans le *Pantagruel* de Rabelais, en 1532. Pour remonter plus loin encore, dans son livre *Une Recette... Une Histoire !* Maryvonne Miquel relate comment « en l'an 43 ap. J.-C., au pied des falaises de Douvres » quatre légions lancées à la conquête de l'Angleterre, faméliques, sont rassasiées grâce à l'inventivité de leur cuistot qui « avait déniché des œufs de mouettes », les avait battus avec du « miel apuré par une légère cuisson », concoctant un ensemble « si croustillant, si doux, que les pauvres soldats crurent goûter au nectar des dieux ».

« Elle est ridée comme ma grand-mère ! »

¶ ¶ ¶ Du reste, le mot vient-il de là, du latin *ova mellita*, « œufs miellés » ? Ou alors de l'ancien français *alumelle*, « petite lame », dont le mets rappelle la forme ? Prosper Montagné poétise dans *Le Grand Livre de la cuisine* : « Certains auteurs font venir ce mot de “âme”, intérieur de l'œuf, qui, par diminutif serait devenu “âmelette” ». Peu importe au fond, « l'essentiel, poursuit Montagné, est que l'omelette soit réussie, c'est-à-dire qu'elle soit bien moelleuse à l'intérieur, bien que légèrement dorée à l'extérieur. »

¶ ¶ ¶ Au fil des décennies, chaque grand chef écrivain s'étale – tout au long de plusieurs pages – comme elle dans sa large poêle, prodiguant moult conseils. Ali Bab : « L'opération n'est pas très compliquée, sans doute, mais il est nécessaire de prendre certaines précautions que l'on néglige souvent » (*Gastronomie pratique*) ; Paul Bouillard : « Il ne faut jamais la meurtrir avec les dents d'une fourchette pendant qu'elle cuit ; seul le dos de la fourchette doit jouer son rôle » (*La Gourmandise à bon marché*) ; Jean Anthelme Brillat-Savarin : « Étalez-la avec adresse sur le plat que vous avez préparé pour la recevoir et servez pour être mangée de suite. Ce mets doit être réservé pour les déjeuners fins, pour les réunions d'amateurs, où l'on sait ce que l'on fait et où l'on mange posément » (*Physiologie du goût*), etc.

¶ ¶ ¶ Écrivant ainsi, Brillat-Savarin livrait sa recette de « l'omelette du curé », à la laitance de carpes, dont l'histoire est reprise dans *L'Art des mets*. L'auteur, Francis Amunategui, s'y livre à une véritable apologie : « L'omelette est le fourre-tout de la cuisine. Dans sa belle et moelleuse poche jaune, on met tout ce qui passe à portée de la main, truffe, fromage, persil ou rien du tout. C'est le plat le plus accueillant du monde [...] Il est des lieux qui ne vivent que par leurs omelettes, le Mont-Saint-Michel, par exemple, où les batteuses d'œufs sont groupées en syndicat, ou les Hauts-Buttés, dans les Ardennes, où les pèlerins qui viennent vénérer saint Antoine de Padoue se régalent ensuite d'omelettes au jambon. [...] L'omelette enfin est une portion de notre territoire national. Il me suffit de voir la forme d'une omelette pour comprendre, mieux que devant un douanier, que j'ai passé une frontière. L'omelette française est une ellipse allongée, l'allemande tire plutôt sur le rectangle, la chinoise est microscopique, l'anglaise est fade, l'espagnole est ronde et plate. »

¶ ¶ ¶ Même Paul Bocuse, dans *Grands Gourmands* sur France 3 en 2000, s'extasiait face à l'omelette qu'il venait de saisir sur les cendres de chêne, dans sa grande cheminée ouverte : « Ah ! Elle est ridée ! Elle est ridée comme ma grand-mère ! »

« Ma grand-mère aimait donner du volume à son omelette soufflée, et j'ai repris son astuce de battre à part quelques blancs d'œufs qu'elle conservait après d'autres préparations. Elle les montait en neige et les mélangeait à l'omelette avec des morceaux de mie de pain trempés dans du lait. Cela ressemblait parfois davantage à du gâteau, mais j'en garde un souvenir ému. Ici, je propose une formule plus classique, avec un autre truc : terminer au four, pour obtenir un beau soufflé. » *TM*

OMELETTE SOUFFLÉE

Ingrédients pour 4 personnes :

- 8 œufs frais
- 120 g de comté râpé
- 5 blancs d'œufs
- beurre
- sel
- poivre

Préparation :

¶ Battre les œufs entiers à la fourchette pour donner une bonne texture à l'omelette. Ajouter le fromage râpé, saler et poivrer. Incorporer délicatement les blancs d'œufs battus en neige.

¶ Verser dans la poêle (à manche amovible) bien beurrée, cuire sur feu moyen pour commencer la cuisson. Enlever le manche et achever la cuisson au four pour faire souffler l'omelette durant 7 à 8 minutes à 210 °C.

¶ Servir immédiatement.

OÙ UNE NÎMOISE INVENTA LA BRANDADE DE MORUE

Déjà la spéculation. Les galeries du Palais-Royal n'ont aucune origine artistique, culturelle, ni économique. Elles furent construites juste avant la Révolution autour des jardins, à l'arrière du bâtiment principal, uniquement pour éponger les dettes du nouveau locataire des lieux, le duc de Chartres, qui menait grand train. Ce dernier, arrière-petit-fils du Régent, eut l'idée de combler ses bas de laine, percés, par une belle opération immobilière dont il obtint l'autorisation de son cousin Louis XVI (contre lequel il vota plus tard la mort – quelle ingratitude –, ce qui ne l'empêcha pas de perdre à son tour la tête sous la guillotine). En 1780, il décida donc de faire du lieu la nouvelle attraction du Tout-Paris, en louant le plus cher possible les nouveaux espaces. L'architecte Victor Louis, qui venait d'achever le théâtre de Bordeaux, aligna cent quatre-vingts arcades sur trois façades, Valois, Montpensier et Beaujolais ; chaque maison comprenait un rez-de-chaussée, un entresol et deux étages, le tout éclairé par des réverbères suspendus sous les voûtes. Deux salles de spectacle, la Comédie-Française et le théâtre de Beaujolais (aujourd'hui du Palais-Royal), vinrent compléter l'ensemble.

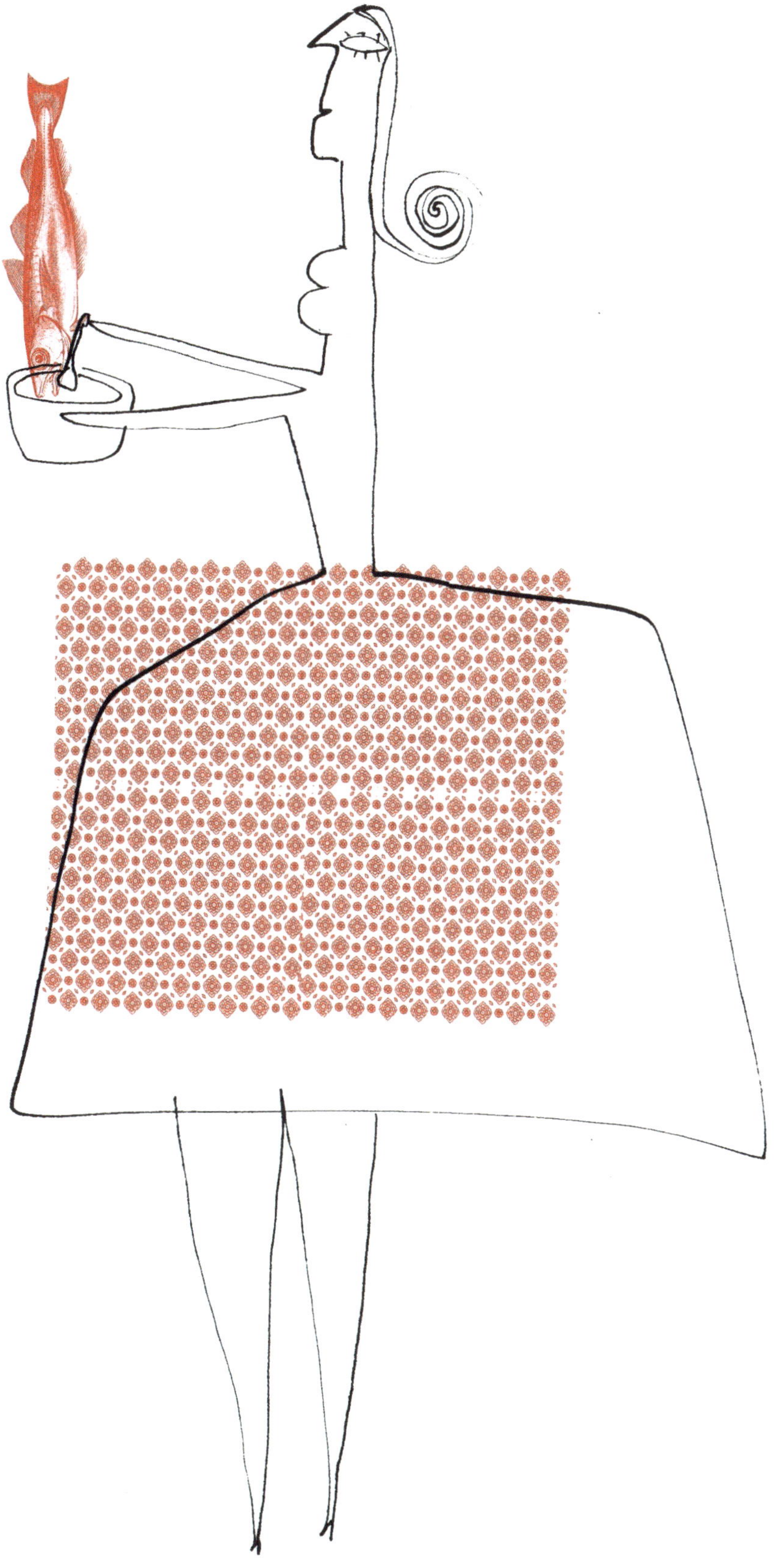

¶ ¶ ¶ L'entreprise coûta davantage qu'elle ne rapporta, des investisseurs y laissèrent des plumes. Toutefois, les galeries devinrent, en effet, le centre du commerce, des plaisirs, de la politique, de la bonne chère ; c'était le must de l'époque, l'endroit branché où il fallait être vu, assister au spectacle mondain. On y venait perdre de l'argent au jeu, gagner de la joie auprès de jolies femmes, boire dans les nombreux cafés, et remplir sa panse dans ce qui, désormais, avait pris le nom de « restaurants ». Souvent chers, ces derniers affichaient un luxe d'apparat dont les fourneaux étaient privés. Ainsi, Mayeur de Saint-Paul le constate dans son *Tableau du nouveau Palais-Royal* : « Les cuisines des restaurateurs sont dans les caves au-dessous des salles, ce qui devient bien désagréable, insupportable même aux personnes qui passent le long des soupiraux qui donnent sur la rue ; on est suffoqué et presque étouffé par les vapeurs de charbon et l'odeur mélangée des ragoûts que vomissent ces soupiraux. »

« Les pêcheurs malouins venaient troquer leur morue contre du sel »

¶¶¶ La concurrence était rude : La Barrière semblait le plus réputé, Beauvilliers le plus huppé, à La Grotte flamande on servait des soupers délicieux, le Café de Chartres (futur Véfour) accueillait déjà Grimod de La Reynière et Brillat-Savarin, de jeunes lions de la cuisine tenaient le Bœuf à la Mode ou le Méot (apprécié de Robespierre et Saint-Just) ; à leurs côtés s'installa une table florissante : les Frères Provençaux. Derrière cette enseigne se cachaient en réalité trois beaux-frères venus de leur sud méditerranéen, Simon, Barthélémy et Maneille. Ils possédaient jusque-là un établissement bon marché, à quelques rues de distance, dont les plats méridionaux avaient fait la renommée ; il leur fallait à présent un cadre digne de cette réussite, ce serait le Palais-Royal. La clientèle n'y manquait pas, elle fréquentait le haut du pavé, elle voyageait, invitait souvent ; grâce à elle, la spécialité servie chez les Frères Provençaux allait connaître une consécration inattendue : la brandade de morue.

¶¶¶ Le plat était né au cours de ce XVIIIe siècle finissant, à Nîmes, à en croire un dirigeant de la maison Raymond Geoffroy, seul fabricant à disposer encore d'une vitrine rue Pierre Semard, dans la capitale du Gard, jadis surnommée « rue des brandadiers ». Il a raconté l'histoire, sur France 3 Nîmes en 1999 : « Les pêcheurs malouins descendaient par la route du sel et venaient troquer leur morue contre du sel. » Les marais salants du delta du Rhône étaient déjà réputés, et le poisson séché convenait parfaitement au climat sec et chaud du sud de la France. Tout le monde y trouvait son compte. Le site Internet de l'entreprise ajoute l'anecdote essentielle : « Une Nîmoise très créative eut l'idée de broyer la chair de morue dans un mortier de pierre, de la délayer et de la mélanger à des huiles fines et parfumées des garrigues environnantes. »

¶¶¶ Grimod de La Reynière fut le premier à évoquer la recette dans son *Almanach des gourmands*, après l'avoir découverte aux Frères Provençaux ; il précise que le nom « dérive sans doute du vieux verbe français "brandir" qui signifie remuer, agiter, secouer avec force et pendant longtemps ». Pour être plus précis, le mot provençal est « brandar », « brandado » en est le participe passé. Un chef régional, Charles Durand, apporta par la suite ses lettres de noblesse à la brandade, dont il codifia la préparation. Né à Alès en 1766, il tenait d'un père, lui-même cuisinier, les talents nécessaires pour devenir maître queux. Son parcours le conduisit d'un apprentissage chez l'évêque local aux cuisines du bailli de Suffren, puis à l'Hôtel Bauveau de Marseille, avant un retour sur ses terres natales, à l'Hôtel du Midi à Nîmes, où il rédigea, entre deux mijotées, *Le Cuisinier Durand*.

¶ ¶ ¶ Dans cet ouvrage paru en 1830, précurseur de la gastronomie régionale et maintes fois réédité, l'auteur dévoilait deux manières de cuisiner la morue : « à la brandade » et « à la brandade en pierre à fusil ». La terminologie rappelait la gestuelle nécessaire à une bonne préparation du mets, quand le poignet tournait sans interruption pour intégrer le filet d'huile d'olive versé sur le poisson effiloché, jusqu'à obtenir une crème onctueuse, que l'on pouvait perfectionner d'une tranche de truffe, d'un zeste d'orange amer ou d'un anchois haché. Charles Durand ajoutait toutefois : « Si vous rencontriez une mauvaise morue qui rendît son huile, vous pileriez deux ou trois pommes de terre, vous les délayeriez avec du lait, en tournant le tout un instant sur le feu, et vous le mêleriez à la morue que vous serviriez tout de suite. »

¶ ¶ ¶ Voilà comment certains pensèrent qu'un mauvais hachis Parmentier de cabillaud pouvait faire office de brandade ! D'autres se crurent autorisés à la farcir d'ail, peut-être parce que Nîmes stationnait aux portes de la Provence ? Il n'empêche, dans l'authentique manière de procéder, ni aïoli ni purée ne doivent détourner le goût subtil et unique de la morue et de l'huile mêlées. Une saveur telle, qu'Adolphe Thiers – qui la dévorait contre l'avis de ses médecins dans la bibliothèque de l'Élysée, grâce à la complicité d'un historien, durant de fausses réunions de travail – aurait proclamé : « C'est le chef-d'œuvre du genre humain ! » Sans aller jusque-là, un autre président de la République, Gaston Doumergue, originaire du Gard donc très subjectif dans sa vision, garantissait que « lorsque vous dégustez la brandade, vous entendez chanter les cigales dans les pins de la tour Magne ». Les intellectuels ont assuré, eux aussi, la promotion du mets. Alexandre Dumas notait que « Parmi les ragoûts de Provence ou du Languedoc qui ont pris singulièrement faveur à Paris, il faut distinguer la brandade de merluche », et Alphonse Daudet en assaisonnait souvent ses discours et ses romans : « Elle permet de conserver l'accent, les dents blanches et le souvenir ! » Ce Nîmois d'origine était même devenu l'ambassadeur de la recette à Paris, où il organisait chaque semaine pour ses amis Zola, Flaubert, Goncourt et d'autres, au café Voltaire place de l'Odéon, un « dîner de la brandade » qui « comportait une brandade et deux discours » ; certains convives militèrent pour inverser les proportions.

« C'est le chef-d'œuvre du genre humain ! »

¶ ¶ ¶ Bien avant la brandade, la morue appartenait déjà, depuis plus de quatre siècles, au patrimoine culinaire européen. Depuis l'époque où les « terre-neuvas », ces pêcheurs bretons, basques ou portugais, partaient durant des mois, dans des conditions harassantes et dangereuses, pour aller quérir le cabillaud, au péril de leur vie, dans les mers septentrionales, et en particulier sur le grand banc de Terre-Neuve. Salé et séché en cale, le poisson devenait alors la morue que l'on désignait souvent comme « bœuf du pauvre ». Guillaume Tirel, dit « Taillevent », évoquait déjà au XIVe siècle, dans *Le Viandier*, une recette de « Morue franche : appareiller et cuire comme le rouget, et du vin à la cuire, qui veult à la jance, et la sallée, à la moustarde ou au beurre frais fondu dessus ».

¶ ¶ ¶ Jean-Claude Ribaut, en 2002 dans *Le Monde*, rappelait que le général Boulanger l'avait inscrite à l'ordinaire des nourritures de l'armée : « Tout est bon dans la morue, la langue fraîche, les œufs légèrement salés, et chacun connaît l'huile retirée de son foie. » Urbain Dubois, cuisinier des empereurs et des nobles, lui professait à l'inverse un souverain mépris : « Que penser de ce poisson qui, sous la fourchette, vient en copeaux, comme le bois ? » Au Portugal, le *bacalhau* est quasi déifié, et les préparations se multiplient à l'infini (en beignet, salade, pot-au-feu, à bras, poêlé, grillé, gratiné, au four, etc.). À Venise, elle sert à préparer le *stoccafisso*, cousin du stockfish qui désigne des filets de poisson séchés à l'air libre.

¶ ¶ ¶ La morue est donc internationale. Gaston Leroux, dans *Chéri-Bibi, Les Cages flottantes*, s'attarde sur la version ibérique : « De fait, la Ficelle n'avait jamais montré autant d'application ni d'entrain au cours de toute sa carrière culinaire. Et il confectionnait sa morue à l'espagnole si copieusement qu'on eût pu croire que Chéri-Bibi, qui mangeait comme six, allait vraiment en être ». Il reste que sa plus belle métaphore, la brandade, est bel et bien française, et même méridionale, Môsieuuu ! Et comme le dit joliment Philippe Couderc dans *Les plats qui ont fait la France* : « Elle est de celles qui font croire qu'il est aisé de manger riche au plus simple, et vice-versa. »

« Pour moi, la brandade de morue renvoie à mes souvenirs de Nîmes. J'avais un copain, Martial, qui m'emmenait sur le marché de la ville ; nous y achetions les produits locaux et les dégustions de manière très simple, avec des olives. Je sais bien que la recette originelle ne contient pas de pommes de terre. Mais très vite, par souci d'économie, sa présence est devenue une règle un peu générale. Pour ma part, je choisis d'en ajouter, aussi, par goût. » *TM*

BRANDADE DE MORUE

Ingrédients pour 4 personnes :

- 600 g de morue séchée
- 600 g de pommes de terre
- 1 l de lait entier
- thym
- laurier
- 1 tête d'ail
- 40 cl de crème liquide entière
- 140 g de beurre doux
- poivre
- chapelure

Préparation :

- Choisir une morue épaisse, qu'on aura dessalée sous l'eau froide à plusieurs reprises la veille.
- Cuire les pommes de terre à l'eau avec la peau, les éplucher et laisser refroidir.
- Verser le lait dans une casserole, ajouter le thym et le laurier ; porter à ébullition. Plonger les morceaux de morue, réduire le feu et faire cuire 8 à 10 minutes. Égoutter, laisser refroidir, retirer la peau du poisson et effeuiller la chair pour en faire de la charpie (enlever les dernières arêtes).
- Éplucher et hacher la tête d'ail (ôter les germes du milieu pour adoucir l'ail).
- Au lait de cuisson, ajouter la crème, l'ail et le beurre coupé en morceaux, porter à ébullition et retirer du feu.
- Préchauffer le four à 210 °C.
- Dans un saladier, écraser les pommes de terre à la fourchette, ajouter la chair de morue, poivrer, incorporer le contenu de la casserole, et mélanger énergiquement à la spatule jusqu'à obtention d'une pâte blanche. Placer la brandade dans un plat à gratin, saupoudrer de chapelure, parsemer de quelques morceaux de beurre. Cuire au four jusqu'à ce que la surface dore (compter environ 20 minutes).

LA CHOUCROUTE S'EST IMPOSÉE GRÂCE À LA GUERRE DE 1870 !

Avec sa moustache tombante et son crâne dégarni, Otto von Bismarck afficha très jeune l'image de froideur et de rigidité qui l'accompagna tout au long de sa vie. Cet homme de pouvoir, fin diplomate, politique hors pair, stratège intelligent, avait une ambition unique : constituer un empire allemand autour d'une Prusse puissante. Même si, pour y parvenir, le prix à payer était de transformer un pays démocratique et cultivé en un État autoritaire et militariste. Dans *Le Cercle des arts*, sur France 2 en 1997, l'écrivain allemand Nicolaus Sombart s'interrogeait ainsi : « Comment ce personnage a-t-il pu bâtir, dans le sang et dans la violence, une Allemagne destinée à être le perturbateur des paix possibles ? »

¶ ¶ ¶ En 1862, le roi prussien Guillaume Ier ouvrit la voie à Bismarck en le nommant ministre-président, autrement dit chef du gouvernement. Il devint alors un « chancelier de fer », redouté de toute l'Europe, pour qui les grandes questions internationales ne pouvaient être réglées que « par le fer et par le sang » (comme il le tonna dans un discours devant les représentants du peuple), mais surtout pas dans un parlement. Quatre ans plus tard, afin d'éviter une suprématie autrichienne, il écrasait l'armée de Vienne ; encore deux années après, pour élargir son influence, il tentait de placer un de ses proches sur le trône d'Espagne.

☛ ¶ ¶ ¶ Cette fois-ci, c'en était trop. Les nations européennes grognèrent, en particulier la France. Bismarck échafauda alors un plan machiavélique pour combattre les troupes de Napoléon III sans être lui-même à l'origine du conflit. Car une agression ennemie lui permettrait de sceller enfin – il en était sûr – l'union sacrée de ses rêves, si difficile à réussir, entre Allemands du nord et du sud. C'est pourquoi, le 13 juillet 1870, il manipula une dépêche diplomatique relatant une entrevue entre Guillaume Ier et l'ambassadeur de France, afin de laisser croire que le diplomate avait humilié le souverain. À Paris, on fut scandalisé du procédé, à Berlin la rue dénonça le comportement du fonctionnaire. Des deux côtés, la tension galopait plus vite que le cheval-vapeur naissant ; le 19 juillet la France déclarait la guerre à la Prusse.

¶ ¶ ¶ L'affrontement fut bref, six semaines à peine jusqu'à la défaite de Sedan (malgré la charge héroïque de la cavalerie lourde à la bataille de Reichshoffen, dans les Vosges du Nord). Il eut sur le Vieux Continent les conséquences dramatiques que chacun sait. Sur la rive gauche du Rhin : exil de Napoléon III et proclamation d'une Troisième République enfantée dans la douleur de la Commune de Paris ; sur la rive droite : naissance du Deuxième Reich auquel se rallièrent – outre la Prusse, et ainsi que Bismarck l'avait espéré – les rois de Bavière, de Saxe et de Wurtemberg. Avec en prime, l'Alsace et la Lorraine, qui « en furent l'une et l'autre les premières victimes, et les dernières ; elles furent ravagées, détruites, pillées et finalement annexées », ainsi que l'expliquait le journaliste André Guérin sur l'ORTF Strasbourg, en 1970, cent ans après les événements. Humiliation pour la France, arrogance pour l'Allemagne : les bases des deux guerres mondiales à venir étaient, hélas, jetées.

La tension galopait plus vite que le cheval-vapeur naissant

¶ ¶ ¶ Or, les Alsaciens fuyant leur terre ancestrale dévastée emportèrent avec eux leurs traditions, y compris culinaires. Ainsi le 27 octobre 1880, Léonard et Pétronille Lipp, exilés dans la capitale, ouvrirent, au 151 du boulevard Saint-Germain, un restaurant qu'ils nommèrent – dans le climat germanophobe ambiant – Brasserie des bords du Rhin. L'enseigne Lipp apparaîtra quarante ans plus tard, après la reconquête de l'Alsace, sous l'impulsion du nouveau propriétaire, l'Aveyronnais Marcelin Cazes, qui en fera un des lieux les mieux fréquentés du Paris littéraire, politique et artistique. Plat emblématique de l'établissement, dès l'ouverture et jusqu'à aujourd'hui : la choucroute (traditionnelle quand elle est garnie de saucisses, lard, travers, poitrine et jambon ; ou spéciale avec son jarret entier et deux saucisses). Celle-ci, à partir de la fin du XIXe siècle, séduit donc d'abord la capitale puis, peu à peu, toute la « France de l'intérieure » comme la désignent les habitants d'outre-Vosges, qui ont essaimé dans de nombreuses régions après 1870.

¶ ¶ ¶ Pourtant, elle n'est pas alsacienne de naissance, mais chinoise. Philippe Couderc rappelle, dans *Les plats qui ont fait la France*, comment « au IIIe siècle avant Jésus-Christ, des choux fermentés au vin, ou plutôt à l'alcool de riz, nourrissaient les coolies travaillant à la construction de la Grande Muraille » (la légende veut que, un jour d'hiver, les ouvriers, chassés par une violente tempête, abandonnèrent leur nourriture qui fermenta, de façon naturelle, sous la neige). La recette, transférée d'Asie vers l'Europe centrale au fil des invasions par les Huns ou par les autres (Mongols et Tatars), se sophistiqua avec la fermentation à la saumure, technique employée notamment en Rhénanie-Palatinat. Originaire de cette région, la duchesse d'Orléans, et belle-sœur de Louis XIV, prétendait (*Correspondance complète de Madame*) s'en délecter au petit déjeuner – « un bon plat de choucroute et des saucissons fumés sont, selon moi, un régal digne d'un roi » – en lieu et place du café, très en vogue à la Cour, mais qu'elle avait en horreur. Le chou fermenté devint à ce moment-là une « herbe aigre », *sauer kraut* en langue germanique, à tel point que « les étrangers ont du mal à y prendre goût », selon Diderot dans *L'Encyclopédie*, qui ajoutait tout de même : « Ce ragoût paraît fort utile pour les gens de mer, dans les voyages au long cours. » Voilà sans doute pourquoi le capitaine Cook en ravitailla ses marins, afin de prévenir le scorbut (grâce aux taux élevés de phosphore et de potassium).

¶ ¶ ¶ La choucroute n'est donc pas née en Alsace, mais elle y fait office de religion. Au reste, elle constitua pendant très longtemps le plat convivial du dimanche midi, réunissant famille et amis qui l'avalaient avec force bière. Jean-Paul Sartre s'en inspire dans *La Nausée* : « Le dimanche ils prennent de la choucroute. Les derniers arrivés interpellent les autres, qui mangeaient déjà : "Alors ? Toujours la choucroute dominicale ?" » Pour la confectionner, les puristes ne jurent que par le quintal de Strasbourg, énorme chou rustique, qui a néanmoins été abandonné au profit de variétés mieux adaptées à l'industrialisation, ou un peu plus précoces, telles que le cabus de Brunswick ou le Krautkeiser. ☛

¶ ¶ ¶ Si Krautergersheim s'en revendique la capitale, la choucroute est célébrée dans de nombreux villages alsaciens, à l'automne, en pleine récolte. Quant à la préparation, chacun bien sûr prétend détenir la seule qui soit authentique. Dans *La France gastronomique*, Curnonsky exige qu'elle contienne « les trois saucisses sacramentelles (Strasbourg, Francfort et Montbéliard), de la poitrine de mouton, de la culotte de bœuf, des cuisses d'oie et autres viandes salées ». Et les publicités télévisées s'en sont toujours données à cœur joie, comme celle-ci en 1988, avec un Jean-Claude Dreyfus en jeune premier qui interpelle une ménagère : « – Ah ! La choucroute de Marie, c'est toute l'Alsace dans un plat ! – Oui c'est vrai, mais je ne vois pas les cigognes... »

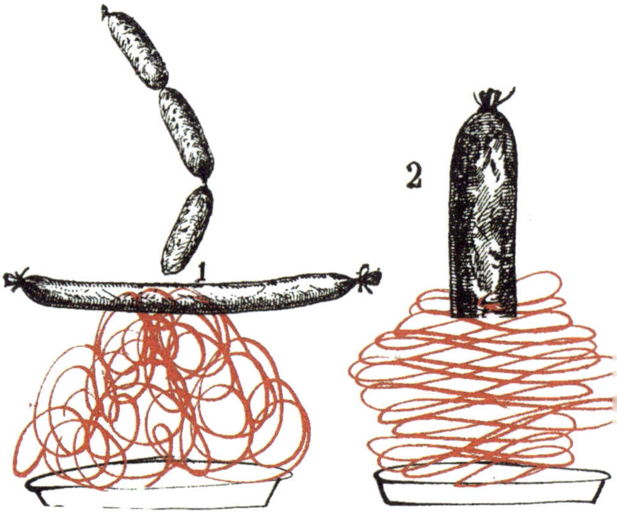

Curnonsky exige qu'elle contienne « les trois saucisses sacramentelles »

¶ ¶ ¶ En réalité, il faut se laisser guider par ses envies, son imagination et ses humeurs du jour. Sylvie Girard-Lagorce, qui consacre à la choucroute un chapitre dans *Grandes et Petites Histoires de la gourmandise française*, fait déjà saliver : « Elle doit rester un peu craquante et ne pas être surchauffée. Ce qui nous vaut cette belle couleur champagne et ce zeste d'acidité nerveuse qui titille les papilles. [...] La saucisse se doit d'être luisante et le petit salé d'un rose innocent, tandis que le noir de jais du genièvre rehausse l'or pâle des pommes de terre à l'eau. » Quant à Georges Simenon, dans *Maigret et les Témoins récalcitrants*, il abandonne un instant le mythique sandwich pour son commissaire fétiche : « Il lui parut naturel de lui commander une choucroute qu'on servait si plantureuse et abondamment garnie, avec des saucisses luisantes et du petit salé d'un rose innocent. »

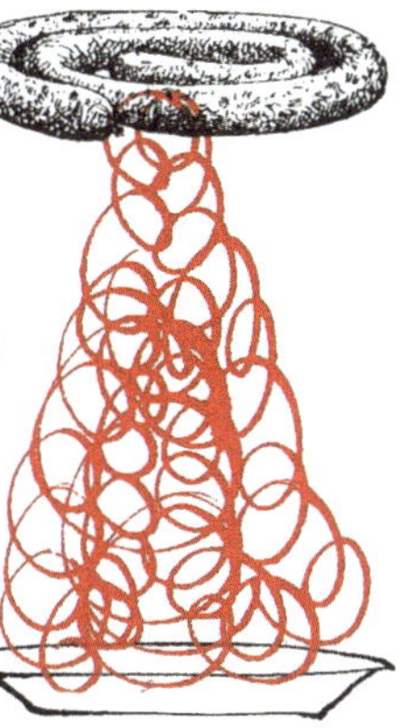

3

4

¶ ¶ ¶ Depuis près d'un siècle et demi, la choucroute a inspiré les plus grands chefs. Henri Babinski, dit Ali-Bab, explique dans *Gastronomie pratique*, en 1907, qu'il s'est efforcé « d'enlever tout excès de graisse afin de rendre le plat eupeptique[1] et de mitiger le goût de fumé trop prononcé que présentent la plupart des préparations, tout en conservant au chou une nourriture substantielle ». Prosper Montagné lui réserve une page entière dans *Le Grand Livre de la cuisine*, en 1929 : « Sous le nom de *choucroute garnie*, on sert une choucroute [...] que l'on garnit, une fois dressée, en plus des rectangles de lard et des saucisses (Strasbourg ou Francfort), avec de minces tranches de jambon chaud. » Même les troupes y trouvent leur compte : « La choucroute, par son prix de revient, peut faire un excellent ordinaire de 0,20 à 0,30 centime le kilo avec la garniture de petites saucisses, longues, à 0,10 centime et le lard de l'ordinaire » (*Cuisine militaire*, 1906).

1 Susceptible d'améliorer la digestion.

¶ ¶ ¶ Plus récemment, en 1970 – peut-être en clin d'œil à Léonard et Pétronille Lipp, un siècle tout juste après la guerre qui les avait poussés à s'exiler vers la capitale – un autre Alsacien installé à Paris, Guy-Pierre Baumann, inventait la choucroute de la mer. Succès immédiat dans son établissement, hérésie en Alsace où il fallut un peu de temps pour que cette version fût enfin acceptée (un vieux dicton n'y proclame-t-il pas : « Plutôt un pou dans la choucroute que pas de viande du tout[2] » ?). Désormais, les odeurs de poissons embaument, aux côtés des traditionnels parfums de charcuterie, la maison Kammerzell aux soixante-quinze fenêtres à vitraux, sur le parvis de la cathédrale de Strasbourg.

2 « Besser e Lüs im Krüt als gar keh Fleish » en dialecte.

En 1970, un alsacien installé à Paris inventait la choucroute de la mer

« La choucroute garnie reste un souvenir pour moi, non pas en Alsace, mais dans une vieille brasserie du quartier des Halles de Paris où allait un de mes oncles et que j'ai aussi fréquentée. Me restent cette odeur un peu aigre du chou qui cuisait, et ces arômes de viande fumée. Nous avons affaire à un plat tout en générosité, capable de créer du lien à table. » *TM*

CHOUCROUTE GARNIE

Ingrédients pour 6 personnes :

- 600 g de choucroute cuite bien blanche
- 1 cuillerée à café de baies de genièvre
- 1 oignon
- 1 clou de girofle
- 10 cl de vin blanc sec
- 100 g de poitrine de porc
- 1 saucisson à l'ail
- 6 saucisses fumées
- 12 pommes de terre à chair ferme
- gros sel
- du saindoux

Préparation :

- Rincer abondamment le chou sous un filet d'eau froide, puis l'égoutter.
- Faites fondre le saindoux à feu vif. Puis, ajoutez le chou afin qu'il rende encore un maximum d'eau.
- Ajoutez les baies de genièvre et l'oignon épluché et piqué avec le clou de girofle. Déglacer au vin blanc, puis mouiller à hauteur avec de l'eau. Porter à ébullition, ajouter la poitrine de porc taillée en tranches. Laisser cuire à feu doux pendant plus d'une heure en remuant de temps en temps ; le chou doit absorber la totalité du liquide.
- Pendant ce temps, laver les pommes de terre et les disposer dans un grand volume d'eau froide salée au gros sel (laisser frémir durant 20 minutes), puis les éplucher.
- En fin de cuisson, ajouter le saucisson coupé en morceaux, les saucisses entières et les pommes de terre dans la choucroute.
- Dresser le tout dans une assiette.

DES TARTES AUX POMMES DE TOUTES LES RÉGIONS

Émoi sur Park Avenue à New York, ce samedi 1er octobre 1960, en pleine guerre froide. Nikita Khrouchtchev, chef de la délégation soviétique hébergée là, reçoit un colis suspect. Il rentre tout juste de l'assemblée générale des Nations unies – qu'il marquera quelques jours plus tard d'un coup d'éclat, en martelant son pupitre à l'aide de sa chaussure, pour dénoncer un orateur évoquant l'absorption des pays de l'Est par l'URSS – et se croit visé, peut-être, par une bombe. Branle-bas de combat dans les services de sécurité des deux pays, la rue est fermée à la circulation, le quartier placé sous surveillance. Le paquet, laissant apparaître aux rayons X des fils métalliques, est aussitôt embarqué dans un camion blindé vers une base militaire pour y être examiné, puis ouvert par des spécialistes. On y trouvera finalement… une tarte aux pommes !

☛ ¶ ¶ ¶ Dans sa dépêche sur l'incident, l'agence Associated Press apportait les précisions suivantes : « Une dizaine de gommes rouges, devant probablement imiter des fusées, étaient placées près d'une rampe de lancement miniature. Une note accompagnait ce jeu innocent : "Au président du Conseil, M. Khrouchtchev. Veuillez accepter cette fusée chargée de munitions pacifiques." » Le nucléaire étant à l'époque la pomme de discorde entre les deux puissances mondiales, ces militants ont-ils cherché à apaiser la tension diplomatique par un présent inédit et inoffensif, marqueur historique de la gastronomie américaine : une *apple pie*[1] ?

1 La nourriture demeure souvent le meilleur vecteur de communication, comme le confirme une scène vécue par les auteurs, au Proche-Orient, entre un Palestinien et un Israélien acceptant de dialoguer autour de boulettes de viande bien chaudes.

¶ ¶ ¶ En vérité, la pomme appartient à l'humanité tout entière. Chez les chrétiens, Adam et Ève l'ont croquée, même si les textes ne donnent aucune référence pour le fruit défendu ; était-ce une poire ou une figue ? Le mot latin *pomum* signifie tout simplement « fruit » (on le retrouve par exemple dans « pomme de pin » ou « pomme de terre ») ; la pomme est-elle le fruit par excellence ? En amour, les Grecs l'offraient au même titre que la rose, et Hippomène battit Atalante à la course parce qu'il semait derrière lui des pommes d'or qu'elle prenait le temps de ramasser. Dans la mythologie nordique, des pommes de jouvence conféraient l'immortalité aux dieux. À l'inverse, un mythe germanique autour d'une pomme empoisonnée semble avoir inspiré les frères Grimm pour leur conte *Blanche-Neige*.

¶ ¶ ¶ On trouve donc des pommes partout, de tout temps, depuis celle que Guillaume Tell dut transpercer d'une flèche alors qu'elle était posée sur la tête de son fils, à celle qui inspira la loi de la gravitation universelle à Isaac Newton, sans oublier celle que Jacques Chirac invita à croquer pour se faire élire président en 1995, ou celle qui donna son surnom à la ville de New York (Maurice Chevalier y triompha en chantant *Ma Pomme*). Voilà qui nous ramène aux États-Unis, où la tarte aux pommes compte parmi les plats nationaux incontournables. À tel point que les GI's embarqués pour la Seconde Guerre mondiale à qui l'on demandait pourquoi ils partaient répondaient « for Mom and apple pie » (« pour M'man et la tarte aux pommes ») ! Au-delà du film *Apple Pie* dans lequel elle devient un objet de libération sexuelle pour un adolescent en manque, cette pâtisserie marque l'image d'une Amérique traditionnelle, rurale, où l'on déjeune en famille le dimanche après la messe, Amérique que dénonçait Jimmy Carter en novembre 1984 en désignant un Ronald Reagan fraîchement réélu : « Il envoie un message aux odeurs de tarte aux pommes et de douceur maternelle, il agite le drapeau et dit que les Américains sont supérieurs parce que Dieu en a décidé ainsi. »

On trouve donc des pommes partout, de tout temps

¶ ¶ ¶ L'*apple pie* fut importée d'Europe par les migrants dès le XVIIe siècle, son existence antérieure sur le Vieux Continent étant confirmée par le dramaturge et poète anglais Robert Greene (mort en 1592) dans son texte *Arcadia* : « Thy breath is like the steame of apple-pyes » (« Son souffle ressemble à un effluve de tarte aux pommes »). En France, ce dessert est aussi ancien que les pommes elles-mêmes (mangées nature ou en légume, cuites en compote ou en beignet, bues en cidre ou en simple jus), sa première apparition remonte au XVe siècle par cet extrait du *Viandier* de Taillevent : « les autres pommes broiés, mises avec le surplus et du saffran dedens ung peu de menues espices, synamome et gingembre blanc, anys et pyguriac, qui en aura ; et soient faictes deux grans abaisses de paste et touts les mistions mises ensemble, fort broiées à la main sur le pasté bien espès de pommes et d'aultres mistions et après soit mis le couvercle dessus et bien couverte et dorée de saffran et mise au four et fait cuyre. » Voilà quelques odeurs mélangées de safran, gingembre, anis et pommes qui titillent déjà les narines...

¶ ¶ ¶ Là où la pomme abonde, chaque région arbore avec fierté sa recette traditionnelle de tarte. La « normande » lorsque crème et calvados apportent à la fois douceur et coffre à la préparation. « À l'alsacienne » avec du flan et sans compote ; elle devient alors un peu moins légère. Façon « crumble », en émietté, chez les Britanniques ; au Québec on dit plutôt croustade. En « chausson » du côté de la Sarthe, où cette demi-couronne feuilletée et refermée serait née à Saint-Calais. Le « Strudel » pour les Juifs ashkénazes d'Autriche ; la reine Marie-Antoinette l'aurait emportée dans ses malles parisiennes. En « charlotte », très en vogue au XIXe siècle, que l'on retrouve aussi dans *La Cuisine des Alliés* en 1918 : « De cette fondue de pommes qui ne doit pas être trop cuite, on garnit un moule à charlotte dont les parois auront été revêtues d'étroites tranches de mie de pain trempées dans du beurre épuré et saupoudré de sucre. » Le « pastis » ou « tourtière », en Gascogne, dont la pâte aussi fine qu'un voile de mariée est étirée sur une table farinée avant d'être cuite en dentelle. Entre Limousin et Périgord, la « flognarde », sur laquelle Colette écrivait que c'était un dessert « vite fait et substantiel, goûter excellent, chaud ou froid » (*De ma fenêtre*). La « maître Pons », très en vogue quand le salon de thé du même nom attirait le Tout-Paris, juste avant 1900, au cœur du Quartier latin ; outre la cannelle en plus, elle était recouverte d'une généreuse pâte à macaron. Enfin la « Tatin » en Sologne, avec la légende que l'on sait.

Quelques odeurs mélangées de safran, gingembre, anis et pommes qui titillent déjà les narines

¶ ¶ ¶ L'histoire remonte à 1898, à Lamotte-Beuvron dans le Loir-et-Cher, où les deux sœurs Tatin tenaient un hôtel-restaurant face à la gare. L'établissement était fréquenté par les Parisiens, amateurs du gibier abondant dans les forêts alentour, qui s'arrêtaient chez elles avant de regagner la capitale par le train. La suite, Christian Noiraud, membre de la Confrérie des lichonneux de tarte Tatin la racontait en 1998 dans un reportage sur TF1 : « Un jour, un des chasseurs peut-être un peu plus galant qu'un autre, a eu un geste déplacé. Je ne sais pas laquelle de Stéphanie ou Caroline était aux fourneaux, mais dans l'émotion elle ne savait plus très bien ce qu'elle faisait. Elle a vu qu'il y avait des pommes épluchées, du beurre et du sucre ; alors elle a mis tout ça dans un moule à manqué, sur la braise. Reprenant ses esprits, elle a ajouté la pâte par-dessus, l'a laissée cuire, et l'a servie comme ça ! » La renommée de la tarte Tatin remonta rapidement jusqu'à Paris, où le critique gastronomique et fin gourmet Curnonsky (de son vrai nom Maurice Edmond Saillant) la fit connaître dès les années 20 grâce à *La France gastronomique*, cette collection de recueils sur les meilleurs restaurants régionaux, véritable prélude au *Guide Michelin*.

¶ ¶ ¶ Il convient de laisser toute leur place aux univers fantasmés dans la cuisine. Aussi, qu'elle soit vraie ou non, acceptons de bon cœur cette aventure de la Tatin, tarte désormais célèbre dans le monde entier, puisqu'elle apparaît comme « le » dessert emblématique de la gastronomie française. Quel bonheur de laisser fondre en bouche ces pommes caramélisées mais moelleuses, à l'arôme discret et pourtant attirant. Mais gare ! Le plat est moins facile à préparer qu'il n'y paraît, surtout pour obtenir le croquant nécessaire à la croûte sous les fruits ; la preuve : en 1997, il figurait au concours des meilleurs ouvriers de France.

¶ ¶ ¶ Dans une société où la rareté crée le luxe, et alors qu'une consommation planétaire et quasi industrielle de la pomme a longtemps maintenu la tarte éponyme à l'écart des mets les plus délicats (elle restait pas chère, simple à réaliser, et malgré tout goûteuse), voilà que ce dessert retrouve ses lettres de noblesse. Désormais, la mode est à la tarte fine, toujours, bien sûr, avec son fruit fétiche car comme le rappelle la comédie musicale *La Cuisine de Josquin et Léonie* signée Julien Joubert et enregistrée par la Maîtrise de Radio France en 2006 : « Pour réussir une tarte aux pommes / Il vous faut tout d'abord des pommes / Les éplucher puis les couper / En petits quartiers bien ordonnés... »

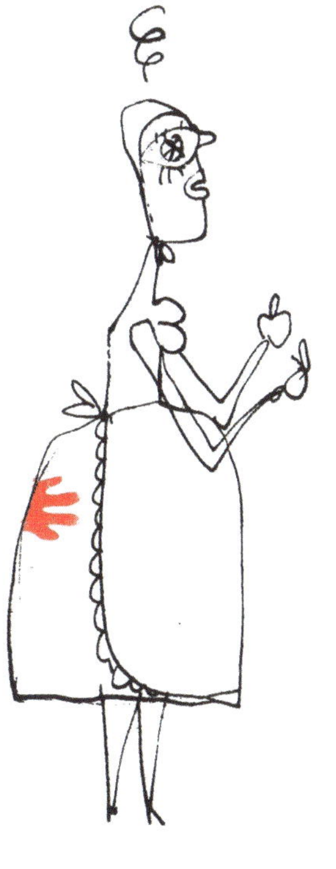

« Je me souviens des tartes aux pommes de chez Bernard Ganachaud, à côté de chez moi, rue de Ménilmontant. Gamin, je passais mes journées à observer sa vitrine, or un jour il me fait rentrer et me donne un tablier. J'ai alors senti les odeurs, celle du pain, et surtout celle de la tarte aux pommes. Cela paraît très simple à faire, pourtant bien couper les fruits pour les positionner parfaitement en escargot demande une vraie maîtrise. » *TM*

TARTE AUX POMMES

Ingrédients pour 4 personnes :

- 4 pommes golden
- 1 pâte feuilletée
- un peu de sucre roux
- quelques noisettes de beurre
- 1 gousse de vanille

Préparation :

- Préchauffer le four à 180 °C.
- Éplucher les pommes en les laissant entières et les évider avec un vide-pomme. Les tailler de façon à obtenir de fines rondelles percées d'un trou central.
- Précuire la pâte au four, entre deux plaques de pâtisserie, pendant 10 minutes. Dès qu'elle a refroidi, y détailler 4 cercles avec un emporte-pièce (à défaut, avec un ustensile circulaire). Disposer les rondelles de pomme sur les cercles en rosace. Faire un tour dans un sens, le suivant en sens inverse, et veiller à ce que les rondelles se chevauchent (de façon à cacher le trou central).
- Saupoudrer la tarte de sucre roux, parsemer de noisettes de beurre et de vanille égrainée. Enfourner 12 minutes à 180 °C.

LA SALADE NIÇOISE EST NÉE QUAND LES NIÇOIS, TENAILLÉS PAR LA FAIM, ONT OSÉ CROQUER LA TOMATE !

Au début du XIXe siècle, Nice frayait à peine avec la grande bleue. La vieille ville bordait un petit bout de mer, entre le port Lympia à peine achevé, à l'est, et le fleuve Paillon qui dévalait depuis les contreforts alpins, à l'ouest. Après avoir été tiraillée d'une souveraineté à l'autre (Italie Savoie, Provence, France), la cité profitait enfin d'un répit dans les guerres pour commencer à se développer hors de ses remparts fraîchement démolis. Le tourisme n'existait pas encore, seuls quelques riches aristocrates anglais venaient séjourner là, afin de jouir du climat exceptionnel ; on les appelait « les hivernants ». En l'absence d'hôtel, ils avaient construit des villas, parfois isolées, sur les rives de la Méditerranée, le long de la baie.

☛ ¶ ¶ ¶ Dans le sillage du duc d'York, frère du roi George III, ils échappaient ainsi, sur la *French Riviera*, aux mois les plus rigoureux de leurs terres natales. Lewis Way, un avocat réputé, fils d'une bonne famille, appartenait à cette petite communauté ; c'était en outre un homme au grand cœur (il avait été ordonné révérend en 1817). Pour faciliter l'accès aux villas, il impulsa le financement et la construction, depuis la rive droite du Paillon jusqu'au faubourg de la Croix de marbre – à l'emplacement de l'ancien couvent franciscain où fut signé la Paix de Nice entre François Ier, Charles Quint et le pape Paul III deux siècles et demi plus tôt – d'un chemin de pierre. Le sentier, d'à peine plus d'un kilomètre de long sur deux mètres de large, deviendrait vers 1850, en se prolongeant à l'ouest, la Promenade des Anglais.

¶ ¶ ¶ Avant d'atteindre les premières demeures chics, cette petite voie traversait surtout des jardins potagers et des terres agricoles parsemées de quelques rares maisons rurales. Un faubourg comme il en existait d'autres, autour de la ville ; ils furent, sans nul doute, le berceau de la salade niçoise. En effet, on mangeait là, par tradition, les produits de la terre, surtout en temps de disette ou de guerre. Dans une étude sur *Le milieu rural dans le Comté de Nice en 1860*, l'historien André Compan le confirme : « Dans la campagne immédiate de Nice, l'alimentation des paysans est peu chargée de viande ; on en consomme le dimanche, et, quelquefois, un jour par semaine. La base de la nourriture : légumes secs, racines (*radich*), choux, aubergines, tomates, figues. »

¶ ¶ ¶ Le plat fut donc, au départ, un repas de pauvres, composé de plantes qui acceptaient de pousser sur une terre ignorée par la pluie (radis, cébettes[1], févettes, mesclun, olives), et de légumes plus récemment implantés (tomates, poivrons, petits artichauts violets) ; il était agrémenté d'ail ou de basilic, complété par un œuf dur ou un anchois et arrosé de la belle huile d'olive locale. En 1965, des images de l'ORTF Marseille, consacrées à l'école hôtelière de Nice, montraient une jeune femme, Anne-Marie, à qui l'on présentait « la fameuse salade niçoise, qui est faite avec l'huile de Nice, les olives de Nice, et puis juste les œufs, les radis et les tomates. »

¶ ¶ ¶ Ah ! la tomate. Il convient de s'arrêter sur ce fruit. Car c'est lui qui a consacré, il y a environ deux cents ans, la salade niçoise. Certes, avant cette période, marquée par l'arrivée des Anglais, les légumes crus cultivés dans les champs alentour assuraient déjà l'ordinaire ; pas la tomate, utilisée beaucoup

1 Petits oignons blancs.

Le plat fut, au départ, un repas de pauvres

comme plante d'ornement, un peu en médecine, plus rarement pour certaines sauces. Native d'Amérique du Sud, elle avait débarqué en Europe au XVIe siècle, dans les cales des navigateurs espagnols, puis conquis la péninsule Ibérique, mais aussi l'Italie à partir de Naples, alors sous possession espagnole ; de là, elle était remontée vers le sud de la France. Ainsi, Olivier de Serres, qui en cultivait dans l'Ardèche, témoignait en 1600, dans *Le Théâtre d'agriculture et mesnage des champs*, d'une forme de beauté : « La diversité de leur feuillage, rend le lieu auquel l'on les assemble, fort plaisant », alliée à une toxicité supposée : « Leurs fruicts ne sont bons à manger : seulement sont-ils utiles en la médecine, et plaisans à manier et flairer. »

¶ ¶ ¶ Pendant très longtemps, la tomate demeura, en effet, affublée d'incroyables superstitions. Sa couleur rouge vif renvoyait à des arguments sataniques. Sa filiation avec la belladone, considérée comme un poison mortel, n'incitait guère à sa consommation. Pourtant, les Italiens l'avaient bien mariée, cuite, à de la viande hachée (sauce bolognaise) ou à du pain passé au four sur lequel ils l'étalaient (pizza), deux mets devenus très populaires. Personne, cependant, n'osait la dévorer, crue, à la croque. Les Niçois, tenaillés à ce moment-là par la faim, osèrent braver l'interdit en ajoutant des quartiers vermillon, juste salés, sur leur assiette de mesclun ; de temps à autre, un anchois rehaussait le tout.

¶ ¶ ¶ Petit à petit, la tradition s'ancra dans la région, donnant naissance à un plat devenu désormais emblématique de la cuisine « nissarde ». L'ancien maire Jacques Médecin s'en fit le chantre dans *La bonne cuisine du Comté de Nice* : « Frottez le saladier avec l'ail, versez tous les ingrédients sauf les tomates, égouttez bien les tomates et disposez-les sur le dessus. » Bien sûr, aucun légume cuit, comme on le vit dans la finale de *Masterchef*, en 2013 sur TF1, où pommes de terre et haricots verts côtoyèrent tomates et anchois. « Pourquoi pas du maïs, du riz, des cœurs de palmier ou de la laitue, tant qu'on y est ? » s'indignèrent aussitôt les réseaux sociaux ; c'était sacrilège !

☛ ¶ ¶ ¶ L'initiative lancée par la mairie pour défendre la salade niçoise, quinze ans plus tôt, était-elle restée sans effet ? En 2003 dans le journal télévisé de France 2, le conseiller municipal aux traditions niçoises, André Truqui, s'agaçait « qu'on y mette n'importe quel ingrédient. C'est comme si moi, dans la choucroute, j'ajoutais des spaghetti ! » La présidente du Cercle de la Capelina d'or, créé pour valoriser la cuisine locale, Renée Graglia, avouait en 2010 dans *Des Racines et des ailes* sur France 3 que « c'est un combat depuis plus de vingt ans, parce qu'on s'est rendu compte, effectivement, que toutes nos recettes avaient tendance à disparaître. » Le label, lancé à l'époque par l'association, est à présent géré par l'office du tourisme et des congrès. André Giordan, auteur sous le pseudonyme de Giordan de la Peppa, ne prétend-il pas que « la cuisine, c'est beaucoup plus que des recettes, elle traduit une culture, et par là, une histoire » ? Dans *Et vive la cuisine niçoise !* co-écrit avec José Maria, il multiplie, lui aussi, les conseils pour la recette authentique ; par exemple : « On ne verse jamais de vinaigre, car la subtile acidité est déjà fournie par les tomates. »

¶ ¶ ¶ Tout un art, donc, malmené néanmoins depuis bien longtemps, y compris par les plus illustres. Dans son *Guide culinaire*, Auguste Escoffier présentait, sous le chapitre « Salades composées » (dont il précisait qu'elles devaient être « dressées sans en mélanger les éléments »), sa propre version de la niçoise : « – Parties égales de haricots verts et pommes de terre en dés, tomates en quartiers. Décor aux câpres, olives et filets d'anchois. – Assaisonnement à l'huile. » Brèves, précises, voilà trois petites lignes qui ont suscité l'ire de générations entières de Niçois, pour qui Escoffier, né de l'autre côté du Var – la rivière servait naguère de frontière entre la France et le royaume de Piémont-Sardaigne – n'était pas de leur monde. Prosper Montagné suggérait, quant à lui, d'associer les tomates à des cœurs de laitue ou de romaine, et à de l'estragon haché. Nul n'est parfait.

¶ ¶ ¶ Laissons, à propos de salade, celle de pommes de terre à Alexandre Dumas fils, dans *Francillon*, pièce entrée au répertoire de la Comédie-Française en 1887 : « Annette. – Vous faites cuire les pommes de terre dans du bouillon. Vous les coupez en tranches comme pour une salade ordinaire, et pendant qu'elles sont encore tièdes, vous les assaisonnez de sel, poivre, très bonne huile d'olive à goût de fruit, vinaigre… » (s'était-il inspiré du *Grand Dictionnaire* de son père : « Vos pommes de terre cuites à l'eau et refroidies, vous les coupez en tranches et les assaisonnez comme une salade » ?).

¶ ¶ ¶ Abandonnons celle d'aréquiers, plus exotique, à Albert Morice (*Saigon*) : « Ce sont les rejetons de ce magnifique palmier qu'on accommode ainsi : on enlève les couches externes et on trouve alors une tige blanche ayant la consistance de l'amande, d'un goût rappelant celui de la noisette ; préparé en salade, c'est un mets exquis. »

« La cuisine, c'est beaucoup plus que des recettes, elle traduit une culture »

¶ ¶ ¶ Partageons, non sans tristesse, celle de *La Petite Fadette* de George Sand : « Il soignait et câlinait son besson à plein cœur, lui donnant ce qu'il y avait de meilleur à manger, le croûton de son pain et le cœur de sa salade. »

¶ ¶ ¶ Versifions, aux côtés de Pierre de Ronsard, celle de *Ode à Jamyn* : « Nous laverons nos herbes à main pleine / Au cours sacré de ma belle fontaine, / La blanchirons de sel en mainte part, / L'arroserons de vinaigre rosart, / L'engraisserons de l'huile de Provence. »

¶ ¶ ¶ Et savourons pleinement la niçoise, l'unique – depuis « tomate, anchois, huile d'olive et basta » d'antan jusqu'à « tomates, fèves et/ou artichauts, cébettes ou radis, poivrons, salade, basilic, anchois, olives de Nice, huile d'olive, ail, sel, poivre » d'aujourd'hui (plus option œuf) que profère la blogueuse niçoise Camille Oger –, sous peine d'être *bon comme la romaine*, prêt à *finir dans le panier* pour avoir *raconté des… salades* !

« Impossible pour moi de passer à Nice sans déguster une vraie salade niçoise, sincère, avec l'olive, l'anchois, la tomate, l'œuf, etc. Aucun des ingrédients ne doit passer au réfrigérateur, c'est très important. La présence de quelques haricots saisis et d'une pomme grenaille donne de la mâche et ajoute un intérêt gustatif, mais si l'on veut rester puriste, on peut s'en passer. » *TM*

SALADE NIÇOISE

Ingrédients pour 4 personnes :

- 4 œufs
- 4 pommes de terre grenaille
- 4 tomates
- quelques haricots verts
- eau gazeuse
- des olives noires marinées
- du cerfeuil
- 1 oignon rouge
- 1 poivron rouge
- 1 poivron jaune
- des filets d'anchois
- de la ventrèche de thon
- vinaigrette

Préparation :

- Faire cuire les œufs pendant 9 minutes à petits bouillons, les écaler et les réserver pour les garder légèrement tièdes.
- Dans une casserole d'eau froide salée, plonger les pommes grenaille avec la peau, les cuire à feu moyen pendant une vingtaine de minutes, puis les éplucher.
- Plonger les tomates dans une casserole d'eau bouillante pendant 20 secondes. Les passer sous l'eau froide, les monder et les découper en gros quartiers.
- Cuire 3 minutes les haricots verts dans de l'eau gazeuse bouillante.
- Le montage doit ensuite être très harmonieux pour retrouver un jeu de textures et de températures, et surtout le goût des produits.

LES COQUILLETTES JAMBON, PLAT EMBLÉMATIQUE DES TRENTE GLORIEUSES

Le 22 juin 1963, près de 200 000 jeunes se rassemblent, place de la Nation à Paris, pour célébrer le premier anniversaire du magazine *Salut les copains*. Ce journal, précurseur des hebdomadaires people actuels, détaille chaque mois les faits et gestes des chanteurs à la mode qui défilent quotidiennement dans l'émission du même nom, sur Europe n° 1. On est donc venu se trémousser sur les tubes de Dick Rivers, Richard Anthony, Sylvie Vartan, des Chats sauvages, ou sur la chanson entonnée par le tout jeune Johnny Hallyday : « Quand l'amour s'en va et que tout est fini / Da dou ron ron, da dou ron ron / Ne pleurez pas laissez tomber tant pis / Da dou ron ron, da dou don ron ».

¶ ¶ ¶ La foule est tellement dense que des barrières volent, des voitures sont détruites, des grilles sont arrachées, certains groupes engagent la baston avec les policiers. Les organisateurs attendaient à peine 30 000 gamins sages, ils durent contenir une déferlante cinq à six fois plus puissante de garçons et filles déchaînés. Au lendemain de cette « Nuit de la Nation », *Paris-soir* titrait « Salut les voyous », mais quelques jours plus tard dans *Le Monde*, le sociologue Edgar Morin y voyait une mutation profonde du pays, baptisant cette jeunesse turbulente du nom de yé-yé : « La nouvelle classe adolescente apparaît comme un microcosme de la société tout entière. » Un certain mois de mai, cinq ans plus tard, ne lui donna pas tort.

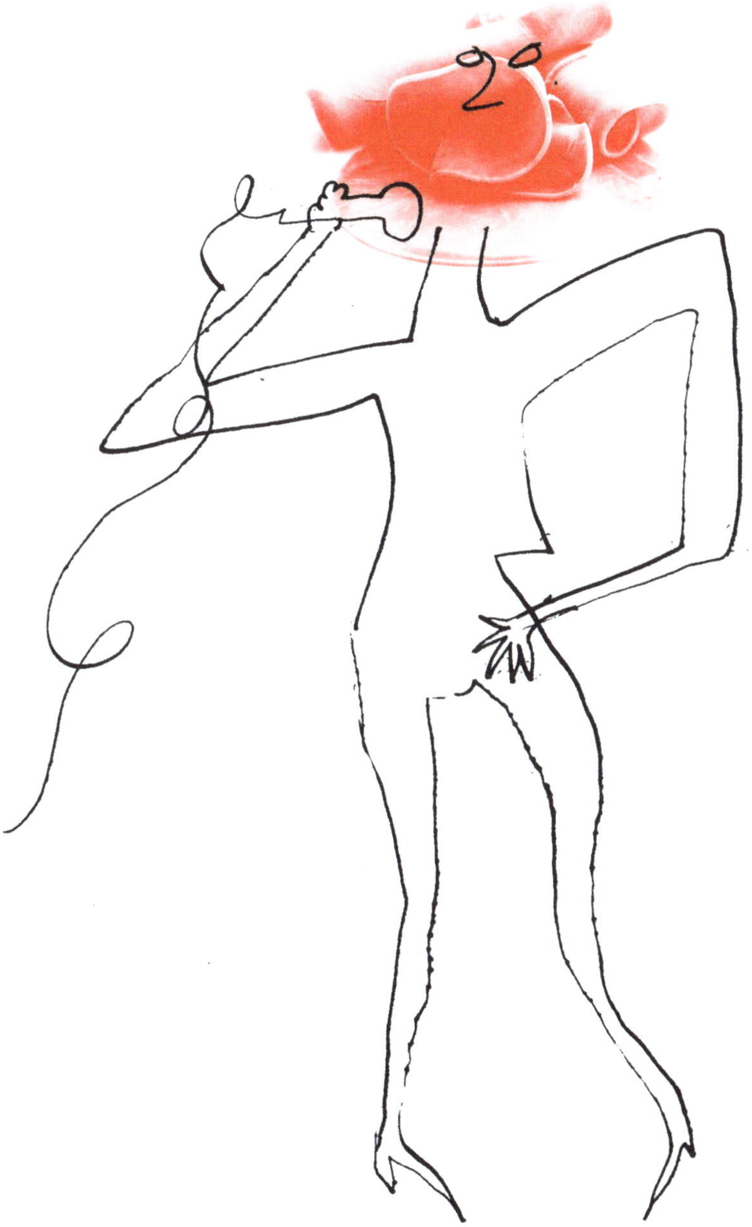

¶¶¶ En réalité, en ce début des années 60, les yé-yé secouent une France en profonde mutation. Tout change en effet, les Trente Glorieuses relancent l'économie, les mœurs entament leur évolution, et on connaît les prémices de la consommation de masse. Édouard Leclerc a déjà ouvert des épiceries en Bretagne en achetant directement aux producteurs, ce qui fait baisser les prix de trente pour cent. Le premier supermarché Carrefour naît à Annecy en 1960, suivi trois ans plus tard du premier hypermarché à Sainte-Geneviève-des-Bois. Les conserves prennent de l'essor, comme les raviolis en boîte Buitoni, la purée dont la publicité clame « Quand je fais de la purée Mousseline, je suis sûre que tout le monde en reprend », ou les pâtes qui se montrent nues derrière un paquet Cellophane, invention de Jean Panzani, avec ce slogan ravageur : « Des pâtes, des pâtes, oui mais des Panzani ! »

Les coquillettes jambon amusent les enfants qui découvrent la réclame à la télévision

¶¶¶ Plat emblématique de l'époque, les coquillettes jambon amusent les enfants qui découvrent la réclame à la télévision. Elles sont nourrissantes et peu onéreuses, et surtout rapides à préparer pour des mamans qui travaillent de plus en plus. Ces dernières n'ont plus de temps pour les préparations mijotées, la Cocotte-Minute débarque dans les foyers pour cuisiner vite, l'économie familiale est bousculée, et des marques pensent même spécifiquement à ces mères modernes qui ne sont plus tout à fait des ménagères à temps plein : « Catherine est vendeuse, elle vend de jolies choses à de jolies femmes, elle doit satisfaire leurs caprices, elle doit recevoir, raccompagner, monter, descendre, sourire, sourire, sourire... Aussi le soir chez elle, c'est la détente. Postillon Clairet, le vin tendre et léger des repas légers. Postillon Clairet, le vin de la femme élégante. » Même le général de Gaulle s'intéresse à la question : « La maîtresse de maison, la ménagère, elle veut avoir un aspirateur, elle veut avoir un frigidaire, elle veut avoir une machine à laver, et même, si c'est possible, qu'on ait une auto. Ça, c'est le mouvement. En même temps, elle ne veut pas que son mari s'en aille bambocher de toutes parts, que les garçons mettent les pieds sur la table, et que les filles ne rentrent pas la nuit. Ça, c'est l'ordre. La ménagère veut le progrès mais elle ne veut pas la pagaille. »

¶ ¶ ¶ Mais d'où proviennent ces pâtes arrondies en forme de coquille ? D'Italie, pays des macaroni, spaghetti, penne et autres linguine ? De Chine, où les toutes premières traces de nouilles, selon une découverte archéologique sur le site de Leija, remonteraient à 4 000 ans ? De la Grèce antique, dont les habitants inventèrent les lasagnes en alternant des *laganon*, morceau de pâte découpé en bandes, et de la viande ? Des Arabes, qui ont introduit leurs techniques de dessiccation (ils manquaient d'eau dans le désert) en Sicile et dans la péninsule Ibérique ? De Savoie où, d'après l'historien Jean-Louis Flandrin, les crozets « ressemblaient à des petites écailles concaves, ou à des coquillettes, comme le suggère l'étymologie » ? La seule certitude que l'on ait sur les pâtes en général, et peut-être les coquillettes, c'est qu'elles sont aussi anciennes que les céréales. Ce mélange pétri de farine (de blé, d'épeautre, de semoule, de riz ou de millet) a sans doute vu le jour en de multiples endroits du globe et à différentes périodes plus anciennes les unes que les autres. On pourrait dès lors évoquer aussi les *pelmeni* russes, les *spaetzle* alsaciens, ou les *khuchknanaj* perses.

¶ ¶ ¶ Apicius, gastronome romain du Ier siècle, relate la façon de les cuire en émiettant un pâton séché et en pochant les miettes obtenues (d'après la compilation *De re coquinaria* parue trois siècles plus tard). Ce qui tord le cou à une légende, pourtant tenace, selon laquelle Marco Polo aurait ramené des lasagnes de ses voyages en Asie. Certes, une copie du *Livre des merveilles* de l'explorateur note que « le blé, en vérité, ne donne pas une aussi bonne récolte, et comme ils n'ont pas l'usage du pain, ils ne mangent le blé que sous forme de vermicelles ou d'autres préparations de pâtes », néanmoins rien ne prouve qu'il en ait glissé quelques-unes dans ses malles. De fait la Chine a toujours été l'empire des nouilles, et il nous faut relire *Vie et passion d'un gastronome chinois* de l'écrivain Lu Wenfu : « Je ne vais pas m'étendre sur la variété, la saveur des nouilles servies chez Zhu Hongxing ; il suffit de consulter le menu, qui du reste ne comporte rien d'exceptionnel. [...] L'essentiel n'était [...] pas là pour Zhu Ziye, qui jugeait encore plus important de pouvoir déguster les nouilles de "première cuisson". La même eau de cuisson servait à faire un millier de bols ; à la fin, c'était un véritable empois ». L'Italie, elle, est devenue le pays de référence des pâtes, dont le livre de recettes de Maestro Martino *Libro de arte coquinaria* dresse au XVe siècle un inventaire assez complet, avec en particulier les « Maccheroni siciliani » (pâtes courtes en tube) et les « Maccheroni romaneschi » (pâtes plus longues).

¶ ¶ ¶ En France, les premiers à faire référence à ce mets sont Grimod de La Reynière à la fin du XVIIIe siècle, puis Antonin Carême au début du XIXe siècle. Ce dernier propose des potages de ravioles ou de macaroni à la Médicis et à la Romulus. Ces recettes sont réaménagées cent ans plus tard par Auguste Escoffier, qui introduit la notion de cuisson *al dente*, et qui propose une sublime confection de macaroni aux truffes d'Alba. On trouve aussi chez Jules Gouffé (*Le Livre de cuisine*, 1867) une « timbale de nouilles au jambon » que l'on remplit au final de « nouilles sautées avec allemande, beurre et fromage de parmesan ; [...] maigre de jambon de Bayonne cuit et coupé en dés ».

La Chine a toujours été l'empire des nouilles

¶ ¶ ¶ Fraîches (farine de blé tendre et œufs), les pâtes se consomment vite. Farcies (à la viande ou au fromage), on les mange en sauce, parfois accompagnées d'un bouillon fumant. Déshydratées (farine de blé dur), elles se conservent longtemps. Ce qui a fait leur succès au XXe siècle grâce à l'industrialisation, sous toutes leurs formes de distribution : en sachet, dans des boîtes en carton ou sous Cellophane. 1911 : naissance des pâtes sans œuf « Mère Michel » et pâtes avec œuf « Père Lustucru » qui ont tiré leur nom de la chanson ; seule la marque Lustucru résistera à la guerre. 1922 : nouvelle révolution, Jean-Marie Carret et Claudius Rivoire mettent au point la première presse à fabriquer des pâtes courtes, dont les coquillettes. Plus aisées à manipuler et à cuire, elles deviennent les préférées des maîtresses de maison et entrent au patrimoine culinaire français.

¶ ¶ ¶ C'est là que nous les retrouvons, familiales, faciles à marier – en particulier au jambon –, amusantes pour les enfants, et à l'honneur des grands concours culinaires : en 1969, Annette Sérieys, du cours professionnel féminin de Saint-Pargoire, dans l'Hérault, enlève un prix d'originalité avec ses « coquillettes froides aux herbes de la garrigue, très délicatement préparées, mêlées de moules. » En 1992, dans leur programme commun du rire, Guy Bedos et Muriel Robin se les approprient sur scène : « J'ai envie d'coquillettes, de m'faire sauter la tête, dans un grand bruit qui pète ! » Depuis, les plus grands chefs s'en sont emparé, à l'image d'Alain Ducasse qui a su en faire une signature par une préparation façon *risotto*, en y ajoutant beurre, truffes et jus corsé. Faut-il dire *pastasotto* ou *coquillotto* ?

Faut-il dire *pastasotto* ou *coquillotto* ?

« Voilà un plat ménager, les coquillettes jambon, qui fut remis à l'honneur par Alain Ducasse en travaillant les pâtes comme un risotto. Et puis, y a-t-il meilleurs ingrédients que ces coquillettes et ce jambon pour attirer les enfants, qui en raffolent, vers la cuisine ? Quel vecteur idéal de transmission universelle... » *TM*

COQUILLETTES JAMBON

Ingrédients pour 4 personnes :

- 1 oignon
- 400 g de coquillettes
- 200 g de jambon
- 200 g de champignons de Paris
- 50 g de beurre
- 1 cube de bouillon de volaille
- 1 l d'eau
- 150 g de parmesan
- poivre
- sel
- persil
- huile d'olive
- vinaigre de vin

Préparation :

¶ Éplucher et ciseler l'oignon, le faire revenir avec une noix de beurre dans une casserole. Y déposer les coquillettes crues, les champignons taillés en lamelles et le jambon coupé en dés. Verser une louche de bouillon de volaille, formé d'un cube dans 1 litre d'eau salée portée à ébullition. Laisser les pâtes l'absorber. Renouveler plusieurs fois jusqu'à cuisson complète, comme un risotto ; les pâtes doivent devenir *al dente* ou moelleuses, selon le goût. Mettre le reste de beurre, remuer. Porter la casserole sur la table, et devant les convives ajouter le parmesan puis servir. Assaisonner. Touche finale : déposer sur chaque assiette une belle feuille de persil passée dans de l'huile d'olive et du vinaigre de vin.

LES QUENELLES À LA NANTUA : DES BROCHETS DES LACS AUX MÈRES LYONNAISES

L'Exposition universelle de 1889, à Paris, légua la tour Eiffel à l'histoire, celle de 1900 ancra, non loin, le Grand et le Petit Palais, le pont Alexandre III, et consacra le métropolitain ; elle enfanta aussi un document, publié discrètement à l'époque, devenu de nos jours une référence de la gastronomie : le *Guide Michelin*. Les deux frères Michelin, Édouard et André, offraient ce livret aux quelques centaines de néo-automobilistes qui partaient à l'aventure sur les routes de France, pour leur fournir les adresses des rares garagistes concessionnaires de pneus, le nom des médecins, le plan de certaines villes avec leurs principales curiosités, ainsi que les restaurants qui investissaient dans une réclame ; financé, donc, par la publicité, l'objet était gratuit. Il devint payant une vingtaine d'années plus tard, par volonté de laver tout soupçon de collusion entre le guide et ses annonceurs ; les établissements furent alors sélectionnés et présentés par des inspecteurs anonymes. Les classements, d'abord établis par des formules comme « mérite le voyage » ou « vaut le détour », octroyèrent très vite des étoiles, de une à trois.

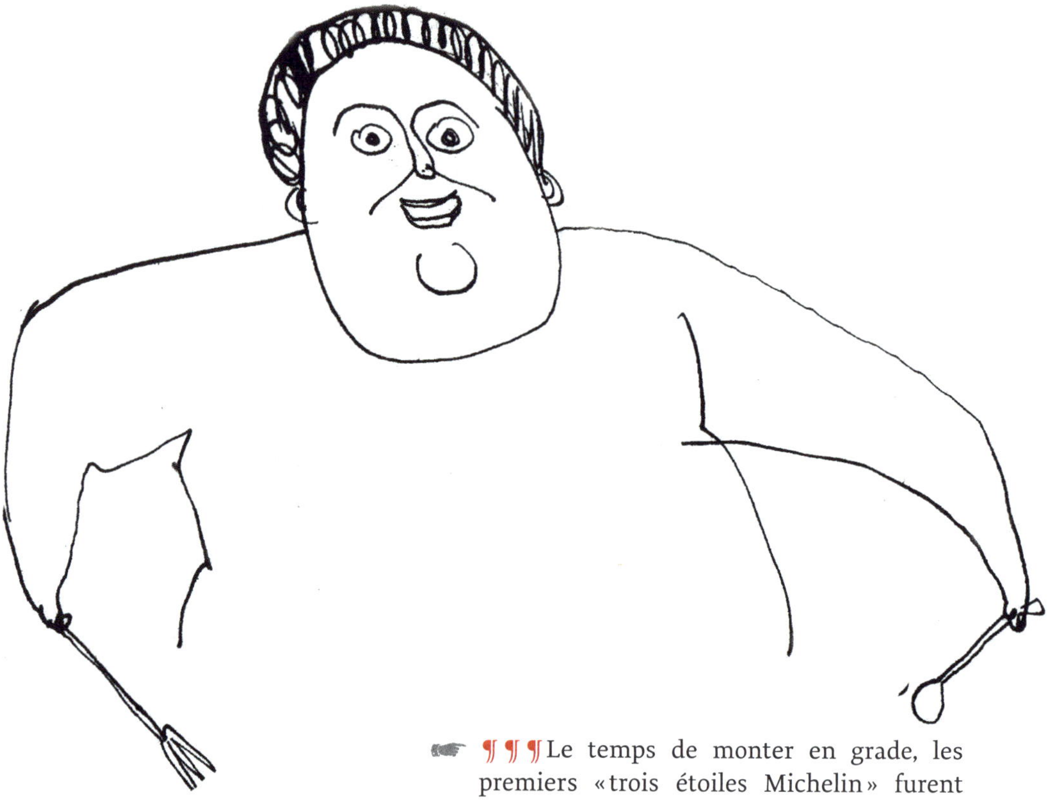

☛ ¶ ¶ ¶ Le temps de monter en grade, les premiers « trois étoiles Michelin » furent consacrés en 1933. Deux à Paris : Lapérouse et La Tour d'Argent ; trois dans un rayon de cinquante kilomètres autour de Lyon – rien d'étonnant car la ville se situait sur la « route du soleil » (axe vers la Méditerranée déjà très fréquenté et aux nombreuses haltes gastronomiques) et surtout elle affichait une histoire culinaire ancestrale et riche – : Fernand Point pour La Pyramide, à Vienne dans l'Isère ; Marie Bourgeois pour La Mère Bourgeois, à Priay dans l'Ain ; Eugénie Brazier pour La Mère Brazier, à Lyon, et pour le Col de la Luère, à Pollionnay dans le Rhône. Six étoiles d'un coup pour cette dernière, en simultané dans deux endroits différents ; rares sont les chefs à avoir obtenu, depuis, un tel sacre suprême : Alain Ducasse en 1997, Marc Veyrat en 2001, l'Américain Thomas Keller en 2006, et Joël Robuchon en 2012.

¶ ¶ ¶ Sur une image légendaire signée Théo Blanc et Antoine Demilly, l'imposante Eugénie Brazier trône au-dessus de ses fourneaux, devant une marmite dont s'échappent des volutes laiteuses. Née en 1895 dans la Bresse, cette femme de caractère eut une enfance douloureuse après la mort de sa mère, à l'âge de dix ans. Placée de ferme en ferme pour garder les animaux, elle y apprit les secrets de la cuisine régionale. Tombée enceinte à dix-neuf ans, elle fut chassée par son père, et plaça son fils en nourrice pour gagner Lyon. Là, elle travailla chez un riche fabricant de pâtes, puis chez la Mère Fillioux, où elle consolida son apprentissage avant d'ouvrir en 1921 son propre « bouchon[1] », rue Royale, qui devint très vite un établissement coté grâce à la qualité de ses plats. L'une de ses apprenties, la Mère Andrée, s'en souvenait encore, en 1957 sur l'ORTF, dans le magazine *Lyonnaiseries* : « En 1928 je suis rentrée chez madame Brazier, où je suis restée quinze ans. Là, j'ai eu une formation très profonde, surtout de la conscience que l'on doit apporter dans notre métier. [...] La cuisine lyonnaise, qui est excessivement simple, est bonne justement par sa simplicité, par la saveur que l'on obtient des mets qui font que l'on sente vraiment le goût d'une volaille ou d'une quenelle. »

La cuisine lyonnaise est bonne par sa simplicité

1 Anciennement, une auberge dont l'enseigne en gerbe de paille signifiait qu'on y bouchonnait les chevaux autant qu'on y rassasiait les voyageurs.

¶ ¶ ¶ La quenelle sauce Nantua, la volaille truffée demi-deuil, le fond d'artichaut au foie gras, le tablier de sapeur, le gratin de légumes... autant de spécialités que les Mères lyonnaises savaient confectionner à la perfection, elles qui en avaient bavé des ronds de chapeau. Leur carrière, souvent entamée comme cuisinière ou bonne à tout faire chez des bourgeois, poursuivie par une mise à la porte après la crise de 1929 et l'ouverture de leur propre maison, s'achevait dans le prestige d'une table bien tenue. Toutefois, elles ne s'en laissaient pas conter. L'anecdote rapportée par Catherine Simon en 2003 dans *Le Monde* à propos d'Eugénie Brazier, le confirme : « Paul Bocuse, entré comme marmiton chez la terrible Mère, raconte, dans le livre de Roger Moreau, *Les Secrets de la Mère Brazier*, comment les jeunes apprentis la brocardaient, en chantant sur l'air de *La Mer* de Charles Trenet : "La Mère, qu'on entend gueuler, au col de la Luère..." » Sale caractère chez les unes, bonne pâte chez les autres, toutes en tout cas maîtrisaient leur terroir ; elles étaient, pour reprendre Bocuse, « à la haute école des bons produits » alentour : volailles de Bresse, vins de Bourgogne, fromages d'Auvergne, noix d'Isère, viandes du Charolais, primeurs de l'Ardèche, truffes de la Drôme, gibiers de la Dombes, brochets des lacs du Bugey, etc.

La quenelle doit au moins doubler de volume au pochage

☛ ¶ ¶ ¶ De longue date, la capitale des Gaules savait bien manger. Sous l'occupation romaine, ce qui « fait la richesse de la ville, explique André Pelletier dans *Lugdunum*, c'est la redistribution qui concerne surtout le vin et l'huile, peut-être le blé [...] et des sauces de poissons ». François Rabelais, médecin de passage à l'Hôtel-Dieu de Notre-Dame de la Pitié du Pont-du-Rhône, n'a-t-il pas puisé son inspiration sur place pour publier, à Lyon, ses deux chefs-d'œuvre : *Pantagruel* et *Gargantua* ? Stendhal, lors d'un voyage en 1837 (*Mémoires d'un touriste*), admet qu'« on y mange admirablement, et, selon moi, mieux qu'à Paris. Les légumes surtout y sont divinement apprêtés. » Installé là vers la fin du XVIIIe siècle, le poète Joseph Berchoux n'écrit-il pas dans *La Gastronomie* : « Vous vous procurerez sous ce ciel favorable / Tout ce qui peut servir aux douceurs de la table » ? Curnonsky, enfin, critique incontournable de l'entre-deux-guerres, n'a-t-il pas proclamé Lyon « capitale mondiale de la gastronomie » ? Si l'esprit des Mères continue de souffler au confluent du Rhône et de la Saône, on le ressent sans nul doute dans des fleurons tels que la quenelle à la sauce Nantua.

¶ ¶ ¶ La quenelle, c'est d'abord une histoire de panade, un mélange d'eau ou de lait, de farine ou de semoule de blé et de beurre, travaillé à la spatule sur le feu pour l'assécher, auquel on intègre, après un long refroidissement, la chair de brochet dilacérée, puis les œufs ; elle doit au moins doubler de volume au pochage. Les Romains cuisinaient une pâte à base d'œuf et de poisson, moulée et cuite dans l'eau bouillante ; plus tard, le plat fut régulièrement servi sur les tables royales, Louis XV en devint friand. Le chef Georges Blanc, qui a prolongé la réputation des Mères et de Fernand Point dans cette région de haute gastronomie, précisait en 2000 sur France 3, où il était l'invité de l'émission *Bon appétit bien sûr*, que « le brochet se prête bien à la quenelle, parce que c'est une chair qui a beaucoup d'arêtes, donc [...] on le travaille dans une quenelle, c'est plus agréable. [...] C'est un plat de tradition. »

¶ ¶ ¶ Le mets, dans sa version moderne, serait né dans les années 1830. À l'époque, ce poisson – si vorace et monstrueux que Brillat-Savarin (originaire de la région) le qualifiait d'« Attila des rivières et des étangs », à en croire Philippe Couderc dans *Les plats qui ont fait la France* ; Jean-Camille Fulbert-Dumonteil en rajoute dans sa *France gourmande* : « Son effroyable gueule, toujours ouverte pour saisir une proie, avale, absorbe, engloutit tout. On l'a surnommé le roi des fleuves et des rivières, il n'en est que le bandit. Il ne règne pas sur les eaux, il les dépeuple. » –, ce poisson, donc, abondait dans les eaux fraîches, notamment des lacs du Bugey, et dévastait tout ; on ne savait plus trop qu'en faire ni comment l'accommoder. Le pâtissier Charles Morateur eut alors l'idée de marier la poudre de brochet à de la pâte à choux. Devant le succès, les Lyonnais prirent l'habitude d'aller le dimanche matin, leur casserole à la main, chercher dans les pâtisseries les quenelles qu'ils pochaient ensuite à la maison. Un demi-siècle plus tard, le charcutier Joseph Moyne remit la préparation au goût du jour, en l'allégeant quelque peu.

¶ ¶ ¶ À Nantua, au bord du lac, pullulaient également les écrevisses, d'où l'idée d'une union sacrée entre les deux. « Ici, c'est pratiquement obligatoire ! » s'exclamait Jean-Claude Guyot, le chef de L'Embarcadère, à Nantua, dans un reportage au journal de 13h sur TF1 en 2013, en rappelant que « la quenelle est à base de semoule de blé dur, de beurre, d'œuf et de chair de brochet, le tout accompagné d'une sauce Nantua qui est faite à base d'écrevisses ». Le beurre, dans lequel mijotaient les têtes d'écrevisse pilées, s'imbibait de leur saveur prononcée (les bestioles se goinfraient des restes de viande accrochés aux peaux que les tanneurs laissaient tremper dans le lac) et rosissait de plaisir. Une fois clarifié, on le montait avec une crème fraîche pour napper l'assiette.

¶ ¶ ¶ Aujourd'hui, le triste détournement de la quenelle par des personnages prônant la haine de l'autre ne doit pas faire oublier qu'il s'agit, avant tout, d'un plat ayant façonné la France dans ses diversités et dans ses cultures partagées, dont le nom même provient d'un mélange des langues entre l'allemand *Knödel* (boule de pâte), l'anglais *knyll* (broyer) ou le yiddish *quenape*. Il faut censurer avec vigueur de telles utilisations obscurantistes, et à propos de censure, l'humaniste André Gide avoue dans le récit de sa vie compliquée de jeune adulte (*Si le grain ne meurt*) : « Une bonne façon d'échapper à la censure de ma mère, c'était de commander à l'hôtel Béchard quelque tendre aloyau aux olives, ou, chez Fabregas le pâtissier, un vol-au-vent plein de quenelles »...

« Grand respect pour la cuisine lyonnaise, d'où proviennent les quenelles à la Nantua, et un hommage particulier à la Mère Brazier, dont Paul Bocuse a toujours parlé avec des trémolos dans la voix. La texture est sublime, elle nécessite un vrai savoir-faire, et je pense aux jeunes commis qui, jadis, devaient passer la farce au tamis pour éliminer le moindre résidu d'arêtes. Quant à la sauce, elle nourrit la panade pour la rendre moelleuse, un régal. » *TM*

QUENELLES DE BROCHET, SAUCE NANTÚA

Ingrédients pour 8 personnes :

- 500 g de filets de brochet crus (on peut les acheter congelés)
- 130 g de beurre
- 125 g de farine
- 20 cl de lait
- 10 g de sel
- poivre
- 6 œufs

pour la sauce Nantua :

- 12 écrevisses surgelées
- 140 g de beurre
- 40 g de farine
- 50 cl de lait
- 20 cl de crème fraîche épaisse

Préparation des quenelles :

¶ Mixer les filets de brochet pour les réduire en farce fine, les réserver au froid.

¶ Faire fondre 30 g de beurre avec le sel, le poivre, et ajouter la farine à feu très doux, puis incorporer le lait ; laisser cuire et bien mélanger à la spatule jusqu'à obtention d'une pâte homogène qui n'adhère plus aux parois. Laisser reposer à couvert. Une fois que cette panade et les brochets sont bien froids (on peut même placer le brochet quelques minutes au congélateur), on mélange les deux ensemble au mixeur pour obtenir une pâte très fine. Y incorporer les œufs un à un (c'est très important), au mixeur ou au fouet ; ajouter le reste du beurre et bien mélanger. Laisser reposer 45 minutes au réfrigérateur.

¶ Pour mouler les quenelles, utiliser deux cuillères à soupe pour leur donner forme. Les pocher ensuite une dizaine de minutes dans de l'eau frémissante salée.

Préparation de la sauce Nantua :

¶ Le temps que la pâte repose, avant de pocher les quenelles, préparer la sauce en jetant les écrevisses dans une eau à ébullition, les faire revenir dans une cocotte avec du beurre, les singer avec de la farine (que l'on saupoudre sur les écrevisses entières). Bien mélanger, ajouter le lait, la crème fraîche, et laisser cuire en remuant pendant une petite demi-heure. Broyer le tout dans un mixeur et filtrer. Remettre la sauce à cuire pour l'épaissir et en napper les quenelles.

¶ On peut aussi passer le plat au four à 200 °C avant de le servir.

LE PARIS-BREST, UNE PÂTISSERIE POUR SALUER LES CYCLISTES EN COURSE ENTRE LES DEUX VILLES

Point n'est besoin de payer cher pour voyager loin. Il est des calculs de coût qui échappent à toute logique commerciale, technique ou de rentabilité. Ainsi, le trajet kilométrique en TGV le plus avantageux s'avère être celui entre Paris et Brest : 0,08 euro selon une enquête de *UFC-Que choisir* en février 2015, alors que rallier Lille à Londres coûte quatre fois plus cher. Le Finistère – littéralement « fin de la terre » –, qui marque le bout du monde pour l'Europe sur son versant occidental, attirerait-il moins que la capitale britannique ? Les réputations sont faites pour être défaites, rappelait Marie-Laure Delorme dans le *Journal du Dimanche* en 2009 : « Brest passe pour être l'une des villes les plus laides de France. C'est un mensonge. Il faut juste savoir déposer sur ses lots de bâtiments neutres et carrés une fine poussière de mots ronds et denses. » La journaliste entamait de la sorte une critique du roman *Paris-Brest*, de Tanguy Viel.

☛ ¶ ¶ ¶ Pour ceux que les longs trajets ferroviaires ennuient, l'avion offre une alternative, certes plus onéreuse, parfois empreinte de surprises aux conséquences inédites. Au printemps 2014, le ministre de la Défense Jean-Yves Le Drian conduit son homologue qatarien sur ses terres bretonnes en Falcon privé. « Dans les hublots, poursuit Ava Djamshidi du *Parisien*, de part et d'autre du petit avion de la République, apparaissent soudain les silhouettes de deux Rafale qui l'escortent, le temps de cet étonnant Paris-Brest. » Suite à ce voyage, le général Hamid bin Ali al-Attiyah, très impressionné, aurait accéléré le processus de l'achat des avions Rafale par son pays.

¶ ¶ ¶ À l'inverse du TGV ou de l'avion, pour ceux qui tanguent à l'ivresse de la vitesse, il ne reste qu'une seule option : le vélo ! Extrait des *Actualités françaises* en 1951 : « Paris-Brest et retour, 1 182 kilomètres d'une seule traite. Une aventure qui n'est au coin des routes que tous les dix ans. Depuis le cinq centième kilomètre, Chapatte s'est échappé et vire en tête à Brest avec treize minutes d'avance sur le peloton, qui se ravitaille même en maillot. » Robert Chapatte sera présentateur, en 1975, d'une toute nouvelle émission sportive : *Stade 2*.

¶ ¶ ¶ La course Paris-Brest naquit en 1891, à l'initiative du *Petit Journal*. En cette fin de XIXe siècle, la presse vivait un âge d'or. À Paris, on vendait en kiosque et à la criée quarante-six quotidiens, quarante et un hebdomadaires politiques et près de deux cents journaux financiers. En province, les publications – de quelques centaines à plusieurs dizaines de milliers de lecteurs – fourmillaient, soit en rivalité directe comme les quinze quotidiens de la Dordogne, soit en se regroupant comme à Brest où *Le Courrier du Finistère* avait déjà absorbé *Feiz ha Breiz*, et s'apprêtait à avaler *Le Courrier de la Cornouaille* et *L'Océan* (il y avait là-bas, à l'époque, soixante-dix-sept titres au total, selon les archives départementales).

Paris-Brest et retour, 1 182 kilomètres d'une seule traite

¶ ¶ ¶ Dans ce climat de concurrence féroce, tous les arguments étaient bons pour vendre du papier. Le prix avant tout ; sur ce terrain-là le *Petit Journal* caracolait en tête : un sou, cinq centimes, pour quatre pages quotidiennes d'une information allant des services les plus utiles aux articles racoleurs les moins distingués, cela lui permettait d'imprimer un million d'exemplaires par jour ! Mais aussi les événements, en particulier les épreuves cyclistes qui se multipliaient, maintenant que les bicyclettes étaient pourvues de pneumatiques gonflables. En mai 1891, le journal *Le Véloce-sport* lançait Bordeaux-Paris, en une étape. Un mois plus tard, le chef des informations du *Petit Journal* titrait à la une : « La course du Petit Journal – De Paris à Brest et retour : 1 200 kilomètres. »

¶ ¶ ¶ Pierre Giffard aimait le vélo ; son livre *La Reine bicyclette* fut à l'origine de l'expression « la petite reine ». Il avait aussi de la suite dans les idées : il créa la course à pied Paris-Belfort, la course automobile Paris-Rouen, et organisa un marathon à Paris en 1896. C'est pour surpasser son Paris-Brest-Paris cycliste que le journal *L'Auto* inventerait, dix ans plus tard, le Tour de France.

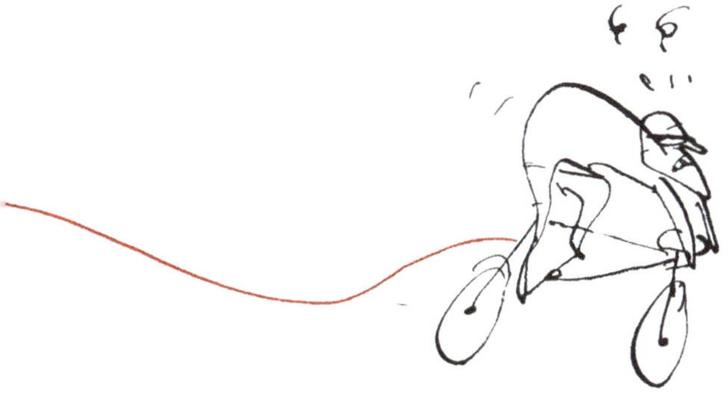

¶ ¶ ¶ Pierre Giffard aimait également les gourmandises. En 1910, pour la troisième édition de l'épreuve, qui passait chez lui à Maisons-Laffitte, il sollicita son voisin boulanger. Louis Durand, sûrement par amitié, alléché aussi par la perspective de belles ventes liées à l'engouement envers cette nouvelle discipline, confectionna alors une tarte spéciale. « Il a décidé de faire un gâteau rond avec un trou au milieu, comme une roue de vélo », expliquait son arrière-petit-fils Stéphane Lévêque dans *Télérama* en 2010 pour le centenaire de la pâtisserie, avec un regret : « Malheureusement, Louis n'a jamais pensé à déposer sa recette originale. Mais tous les clients le disent : notre paris-brest a souvent été imité, jamais égalé ! »

¶ ¶ ¶ Quelques créateurs, en effet, ont sacrifié sa forme de couronne pour le rendre rectangulaire ou ovale, certains lui octroient des fragrances exotiques, d'autres garnissent son milieu. Or c'est bien un rond évidé, entre vingt et trente centimètres de largeur, qui renvoie à la recette originale. Il s'agissait au départ, même si des portions individuelles existent désormais, d'un dessert familial que l'on dégustait à la fin d'un bon repas, le dimanche midi, ou pour une occasion particulière. Ainsi chez Jean Vautrin, dans *La Vie ripolin* : « L'autre jour, nous mangions un paris-brest. C'était l'anniversaire de Benjamin. Juste treize ans, une asperge. »

Un gâteau rond avec un trou au milieu, comme une roue de vélo

¶ ¶ ¶ Qui n'a pas succombé une seule fois à ce chef-d'œuvre ? « C'est tellement bon, le paris-brest ! concédait Pierre Georges dans *Le Monde* en 1997. Merveilleusement écœurant. Praliné à cœur justement. Tentateur jusqu'à l'indécence. Ce n'est pas un gâteau, mais un péché. » Composé d'une pâte à choux parsemée d'amandes effilées et fourrée d'une crème pâtissière pralinée, l'entremets a fait le tour du monde.

¶ ¶ ¶ La pâte à choux est née à la cour de Catherine de Médicis. L'auteur anglais Claude Juillet détaille l'histoire dans *Classic Patisserie* : « En 1540, son chef, Panterelli, inventa une pâte chaude, asséchée, avec laquelle il confectionna des gâteaux. [...] Les années passant, la recette originale évolua, tout comme le nom, devenu pâte à Popelini. » Selon l'écrivain, les « popelins » étaient des gâteaux du Moyen Âge en forme de poitrine féminine. D'autres sources prétendent que Popelini fut, à Paris, le successeur de Panterelli auprès de la future reine de France.

¶ ¶ ¶ Quoi qu'il en soit, cette pâte est une application parfaite de lois scientifiques. D'abord, le mélange de farine, d'eau et de beurre est desséché en le portant sur le feu. Ensuite, les œufs sont incorporés un à un, pour réhydrater la préparation. Enfin, la cuisson au four transforme l'eau en vapeur qui fait gonfler la pâte de l'intérieur. Une technique bête comme chou, dont le résultat se décline à l'infini. Le chef Charlou Reynal constatait, dans *Autour de midi* sur France 3 Limousin en 2000, que « si, dans cette pâte à chou, vous mettez le même volume de purée de pommes de terre très sèche, c'est-à-dire sans lait, sans beurre, sans eau, vous avez les pommes dauphine ; et si vous rajoutez dans ces pommes dauphine quelques amandes grillées, vous avez les pommes amandine. » Sans parler des chouquettes, gougères, pets-de-nonne, éclairs, profiteroles, religieuses, quenelles, salammbô, saint-honoré, pièces montées, etc.

¶ ¶ ¶ Étonnamment, l'éminent Gaston Lenôtre affirmait en 1977 sur TF1, dans *La Grande Cocotte*, que le paris-brest – un de ses desserts favoris – avait été créé par « un pâtissier qui avait fait son apprentissage à Paris, et qui en nostalgie, parce qu'il avait réussi à apprendre cette pâtisserie dans la capitale, lorsqu'il s'est installé à Brest de nombreuses années après, l'a baptisé paris-brest en souvenir de ses débuts. » Bien qu'il se trompe d'histoire, il convient de rendre hommage à ce génie des cuissons pour son apport à l'art des gourmandises. Combien de chefs, parmi les plus cotés, ont fréquenté son école pour apprendre les bons gestes et devenir des maîtres pâtissiers ou des maîtres cuisiniers ? « Il a fallu un Gaston Lenôtre, le petit pâtissier de Pont-Audemer "monté" à Paris au début des années 1960, confesse Christian Millau dans le *Dictionnaire amoureux de la gastronomie*, pour que la pâtisserie, en boutique, sorte de sa longue léthargie. »

¶ ¶ ¶ Autre version du paris-brest, livrée cette fois-ci par le *Larousse gastronomique*, qui attribue la création, dès 1891, première année de l'épreuve, à un certain « Monsieur Bauget, pâtissier à Maisons-Laffitte dont la boutique se trouvait sur le parcours de la course cycliste entre Paris et Brest », sauf que dans cette échoppe une plaque fait référence à la liaison ferroviaire entre les deux villes et non aux forçats de la route (confusion du guide alors que l'établissement fait face à celui de Louis Durand ?). Enfin, on trouve trace d'affirmations sur une origine bretonne de ce gâteau, que les Brestois émigrés dans la capitale consommaient dans le train entre les deux villes…

¶ ¶ ¶ Ce qui est sûr, c'est que le paris-brest demeure un classique, gâteau d'exception solide au corps mais délicat au palais. Sûrement de quoi donner du tonus aux cyclo-randonneurs qui, tous les quatre ans, perpétuent la tradition de la distance entre Paris et Brest ; ils étaient quatre mille, en 2011, à boucler les 1 200 kilomètres aller-retour…

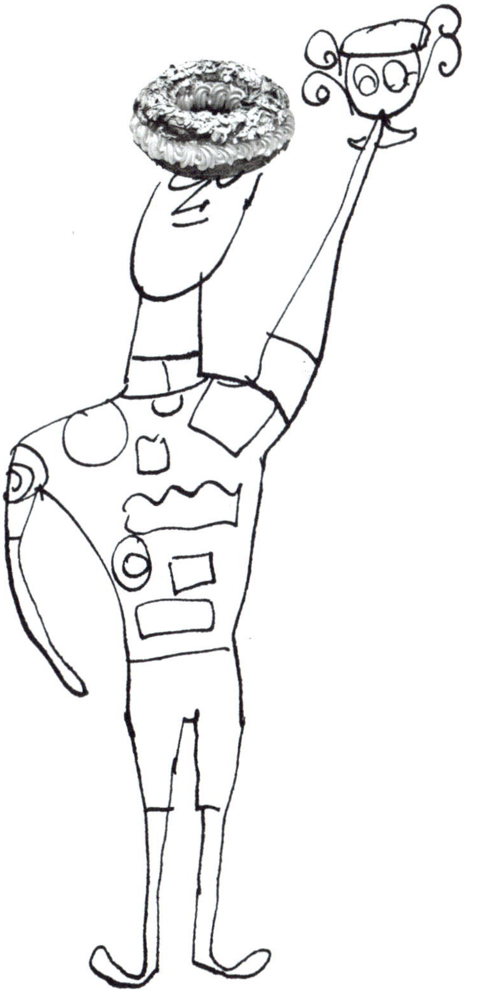

« Si le paris-brest est un grand standard de la pâtisserie, il est assez ambigu, car on le retrouve à la fois dans le monde des pâtissiers de boutique et dans celui des desserts classiques de restaurants. Bien sûr, il y a l'anecdote de la roue de vélo, la relation à la course cycliste, néanmoins l'essentiel réside dans le jeu de textures : tendresse de la pâte à choux, croustillant des amandes torréfiées, soyeux en bouche d'une crème qui n'est ni vraiment une crème pâtissière ni vraiment une crème au beurre. C'est unique. » *TM*

PARIS-BREST

Préparation :

¶ Porter à ébullition l'eau, le lait, le beurre, le sucre et le sel. Hors du feu, verser la farine en une seule fois. Sur feu moyen, bien dessécher la pâte. Hors du feu, la réhydrater en ajoutant les œufs un par un. Placer le mélange dans une poche à douille et former trois couronnes de pâte – les deux premières côte à côte, la troisième à cheval sur les deux premières – sur une plaque couverte d'une feuille de papier sulfurisé. Saupoudrer avec les amandes, mettre à cuire 15 minutes au four préchauffé (200 °C) non ventilé, puis 5 minutes dans le four légèrement ouvert.

¶ Pendant ce temps, préparer la crème pâtissière.

¶ Fendre la gousse de vanille en deux et la faire chauffer avec le lait.

¶ Dans un récipient verser les jaunes et les œufs entiers, ajouter le sucre en mélangeant au fouet, blanchir la préparation au fouet. Incorporer la farine préalablement passée au tamis et bien mélanger. Verser le lait en ébullition sur les œufs blanchis et bien mélanger. Cuire à feu modéré pendant 5 minutes en remuant constamment et en faisant attention à ce que la crème n'attache pas au fond de la casserole. Lorsque celle-ci est cuite, qu'elle a une consistance épaisse, la débarrasser dans un récipient froid et la couvrir d'un papier film plaqué directement sur la crème. Réserver jusqu'à son utilisation.

¶ Mélanger la crème pâtissière et le praliné noisette, bien émulsionner, et ajouter le beurre ; foisonner le tout pour obtenir une mousse comme une chantilly montée. Quand la pâte est cuite et refroidie, couper le chapeau, garnir avec la crème à l'aide d'une poche à douille, poser le chapeau, saupoudrer de sucre glace et réserver au frais.

Ingrédients pour 6 personnes :

pour la pâte à choux :

- ¶ 50 cl d'eau
- ¶ 5 cl de lait
- ¶ 30 g de beurre
- ¶ 1 pincée de sucre
- ¶ 1 pincée de sel
- ¶ 40 g de farine
- ¶ 3 œufs
- ¶ 60 g d'amandes effilées

pour la crème pâtissière :

- ¶ 1 gousse de vanille
- ¶ 1 l de lait
- ¶ 6 jaunes d'œufs
- ¶ 2 œufs entiers
- ¶ 250 g de sucre
- ¶ 100 g de farine
- ¶ 30 g de praliné noisette
- ¶ 150 g de beurre

LA TÊTE DE VEAU SAUCE GRIBICHE, ALLIAGE D'UNE TRADITION RURALE ET DE SOUPERS RÉPUBLICAINS

En ce petit matin du 21 janvier 1793, un froid raisonnable – quelques degrés au-dessus de zéro – enveloppe Paris, ainsi qu'un épais brouillard. À l'intérieur du carrosse qui le mène place de la Révolution (actuelle Concorde), Louis Capet, roi de France déchu, récite ses psaumes et ses prières. Le peuple, massé tout le long du trajet, assiste au passage du funeste convoi, pour au moins apercevoir de loin, une dernière fois, le visage de son souverain. Entre le centre de la place – où la statue de son grand-père Louis XV a été déboulonnée quelques semaines auparavant – et les Champs-Élysées qui étirent la ville vers l'ouest, l'échafaud rouge, dressé vers le ciel lourd, attend stoïquement sa nouvelle victime. Luisante et sinistre, la lame surplombe un espace vide encadré par la troupe des fédérés.

☛ ¶ ¶ ¶ « Il se laissa alors conduire à l'endroit où on l'attachât, raconte son guillotineur Charles-Henri Sanson cité par Frédéric Armand dans *Les Bourreaux en France*, et où il s'est écrié très haut : "Peuple, je meurs innocent [...] Je souhaite que mon sang puisse cimenter le bonheur des Français." » À 10 h 22, le couperet tombe ; la tête de Louis XVI – accusé d'avoir tenté de s'enfuir deux ans plus tôt et d'avoir comploté auprès des Prussiens – avec. La longue page de la royauté française se tourne définitivement. La République, par cette exécution symbolique, sort de ses limbes et lance la Terreur sur laquelle elle tentera d'asseoir son autorité.

¶ ¶ ¶ Or, à la suite de plusieurs mois de flottement après la prise de la Bastille le 14 juillet 1789, une monarchie constitutionnelle avait permis à l'homme de sauver son trône. Devenu roi « des Français », il prêta serment à la nation pour diriger un cabinet restreint qui rendait des comptes, non pas à lui, mais à l'Assemblée législative. Las ! le roi abusa de son droit de veto, et se rapprocha de ses pairs européens pour tenter de renverser les révolutionnaires qui, vainqueurs à Valmy, brisèrent tous ses espoirs. La prise des Tuileries le 10 août 1792, puis la proclamation de la Première République quelques semaines plus tard marquèrent les derniers soubresauts d'un ex-monarque devenu encombrant, ce que Maximilien de Robespierre résuma d'un trait passé à la postérité : « Louis doit mourir, parce qu'il faut que la patrie vive. »

¶ ¶ ¶ Durant ces trois années, les Français, emportés par le vent de la révolte, se gaussaient de leur souverain toujours là mais privé de pouvoir, traître à la Révolution alors qu'il affirmait vouloir la soutenir, cherchant en douce à restaurer la royauté abolie. Les caricaturistes de l'époque, à l'humour féroce, le représentaient sous les traits bestialisés d'un porc et l'affublaient du sobriquet de « roi cochon ». Son exécution, le 21 janvier 1793, donna alors une idée peu banale au citoyen Romeau, qui la propagea par un tract, intitulé *La Tête ou l'Oreille de cochon*, distribué dans Paris : « Enfin, le 21 janvier serait partout caractérisé par la *Tête* ou l'*Oreille de Cochon*, que chaque père de famille ne manquerait pas de mettre sur sa table, en mémoire du jour heureux ou celle du parjure Louis XVI tomba, et nous délivra de sa triste présence. »

Les réformistes organisèrent une campagne de banquets pour exprimer leurs idées

¶ ¶ ¶ La tradition des banquets républicains du 21 janvier naquit ainsi, perpétuée au moins jusqu'à Napoléon ; l'Empire, en effet, refréna ses défenseurs. Elle reprit de l'allant à la fin de la monarchie de Juillet lorsque, face à la fermeté du président du Conseil, François Guizot, les réformistes décidèrent de passer à nouveau à table pour convoquer une Deuxième République. Afin de contourner l'interdiction des réunions politiques, ils organisèrent une campagne de banquets pour y exprimer leurs idées ; la tête de veau y remplaça la tête de cochon. Pourquoi ? Peut-être par esprit de similitude avec les *chartistes*[1] britanniques, eux aussi adeptes de ripailles en ce milieu de XIXe siècle. Gustave Flaubert, en tout cas, le fait dire à Deslauriers dans *L'Éducation sentimentale* : « C'est une importation anglaise. Pour parodier la cérémonie que les royalistes célébraient le 30 janvier [...] des Indépendants fondèrent un banquet annuel où l'on mangeait des têtes de veau et où l'on buvait du vin rouge dans des crânes de veau en portant des toasts à l'extermination des Stuarts[2]. » Ce que confirme le pamphlet de Romeau de 1793 : « Que chacun de nous [...] imite les patriotes anglais qui, le jour de la décollation de leur roi [...] ne manquent jamais de manger une tête de veau. »

¶ ¶ ¶ À la vérité, même si aujourd'hui encore des libres penseurs dégustent une tête de veau chaque 21 janvier, le plat a nourri son histoire par d'autres racines, à la fois rustiques et de grande cuisine.

1 La Charte populaire fut adoptée en 1838, à l'initiative de l'Association des travailleurs londoniens.

2 Le roi d'Angleterre Charles Ier fut décapité le 30 janvier 1649, mais la monarchie fut restaurée onze ans plus tard par son fils Charles II.

¶ ¶ ¶ Rustiques d'abord. Dans les campagnes d'élevage de veau, comme la Corrèze, des paysans commencèrent, dès le XVIIe siècle, à produire, pour les boucheries des villes, ces bêtes dont ils conservaient pour eux la tête. « C'est la part qui a la moindre valeur marchande mais la plus grande valeur symbolique, explique Régine Rossi Lagorce dans son livre *Bouligou et Farcidure*, [...] et cette tête de veau que l'on servait comme premier plat d'une noce, représentait un vrai symbole d'aisance, celle des parents de la jeune fille, de la famille de son époux et du nouveau couple. » Une ancienne méthode pour « bien apprendre les enfants à lire », le *Rôti-Cochon*, parue en 1680, révèle par ailleurs que « de la tête de veau, l'œil et les oreilles en sont les plus friants morceaux. »

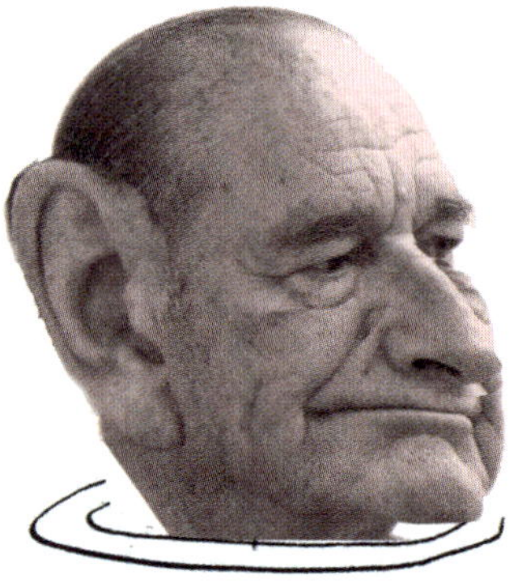

¶ ¶ ¶ De grande cuisine ensuite. À l'époque où les sans-culottes promouvaient la tête de cochon, celle de veau trônait sur les tables des aristocrates. Dans *Le Manuel des amphitryons* (1808), Grimod de La Reynière parlait d'un « relevé distingué, même dans les dîners du grand genre ». Il conseillait de servir « les yeux avec la cuillère ; on coupe proprement les bajoues, les tempes et les oreilles ; on ne porte jamais le couteau dans la cervelle », et il précisait que « ces têtes se fabriquent, depuis plus d'un siècle, au Puits-Certain, rue du Mont-Saint-Hilaire », dans l'actuel quartier de la Sorbonne. De fait, Menon, autre auteur gastronome, présentait déjà en 1755, dans *Les Soupers de la Cour*, huit recettes différentes, dont une « à la bourgeoise » : « Mettez la cuire avec de l'eau, oignon, racine, un bouquet de persil, ciboule, deux gousses d'ail, trois clous de girofle, sel. [...] Servez chaudement avec une sauce au vinaigre, sel, gros poivre. »

¶ ¶ ¶ On peut accommoder la tête de veau de bien des manières. Antonin Carême inventa la luxueuse sauce tortue où l'on retrouve des olives, des cornichons, des écrevisses, des quenelles de volaille, des truffes, des rognons de coq et du Madère. Plus simplement, au bistrot du coin elle est servie en vinaigrette. La sauce peut être chaude (charcutière, tomate, piquante) ou froide (mayonnaise, rémoulade, tartare). La ravigote relève le mets et le tonifie en bouche. Quant à la gribiche... Le *Larousse* concède que le mot désigne une femme méchante (du néerlandais *kribbich*, « grognon ») ; quel rapport dès lors avec une « sauce froide faite de jaunes d'œufs durs écrasés, émulsionnés à l'huile et au vinaigre, et de condiments hachés » ? Pour attester qu'elle a du caractère ?

¶ ¶ ¶ Peu importe ! L'essentiel est de savourer le plat, à l'image de l'ancien président Jacques Chirac, comme l'avouait timidement son épouse Bernadette, en 1975 sur Antenne 2 : « Il aime les choses campagnardes. La tête de veau. Il aime énormément la tête de veau. C'est légendaire en Corrèze. » Grâce à lui, l'assiette a séduit les Français qui « s'en goinfrent, ils s'en lèchent le bout des doigts. [...] De Sarcelles à Neuilly, les ventres réclament la même pitance, encore et toujours de la tête de veau... » se plaignait Agathe Logeart dans *Le Monde* en 1995, l'année de l'élection du parlementaire corrézien à l'Élysée. À deux mois du scrutin, Édouard Balladur – qui n'était plus le favori des sondages – ironisait dans *Sept sur Sept* sur TF1 à propos du ralliement à son adversaire de certaines personnalités : « La gauche caviar découvre la tête de veau. C'est très bon, la tête de veau, il ne faut pas en abuser, à la longue, c'est indigeste. »

Jacques Chirac « aime énormément la tête de veau. C'est légendaire en Corrèze »

¶ ¶ ¶ Hors de toute portée politique, chaque région, ou presque, défend désormais le produit. Les confréries ne se comptent plus : celle des « entêtés » d'Ussel en Corrèze, celle de « l'Académie universelle » de Pessac en Gironde, celle des « Testuots » de Hautvillers en Champagne, celles du Périgord, de Pornic en Vendée, de Saint-Laurent de-Chamousset dans le Rhône. Sans oublier la docte Confrérie des Gaubregueux gousteurs de teste de veau, à Rambervillers dans les Vosges ; chantée par Pierre Provence en 1968 (« La tête de veau se fait dans la marmite / Dans la marmite se fait la tête de veau »), cette association est la plus ancienne du genre en France. Ses membres se réfèrent à leurs aïeux, ainsi que le rappelait Dominique Duforest, dans un reportage pour France 3 Lorraine en 2015 : « Les Rambuvetais, habitants de Rambervillers, seraient appelés "Têtes de veau" depuis le Moyen Âge. Leurs troupeaux paissaient mélangés avec ceux des habitants d'Épinal, et à la fin de la saison, les Spinaliens auraient volé les veaux ! Sommés par le tribunal de rendre quelques dizaines de têtes de bétail... » et c'est l'Officier de gueule Alain Thiery, vêtu de sa toge d'apparat, qui complète la phrase du journaliste : « ... jouant sur les mots, nos amis Spinaliens ont rendu, non pas les bêtes, mais uniquement les têtes." »

¶ ¶ ¶ Comme quoi, point n'est besoin d'être Parigot...

« Au-delà de l'homme politique qui nous en a beaucoup parlé, la tête de veau présente une texture vraiment intéressante, trop méconnue des jeunes générations. Je suis sûr, pourtant, que ces dernières seraient séduites par un nouveau design de ce très vieux fleuron gastronomique. On peut jouer avec les températures, les textures et les saveurs, grâce notamment à la merveilleuse sauce gribiche, à la fois acidulée et douce, que l'on verse fraîche sur une tête, elle, tiède. C'est un pur bonheur. » *TM*

TÊTE DE VEAU SAUCE GRIBICHE

Ingrédients pour 12 personnes :

- 2 carottes
- 2 oignons
- 4 clous de girofle
- 1 tête d'ail
- 4 l d'eau
- 50 g de farine
- 1 bouquet garni
- 1 tête de veau de lait entière, roulée et ficelée
- 1 citron
- 15 cl de vinaigre blanc
- 10 g de gros sel
- 10 g de poivre en grains

pour la sauce gribiche :

- 5 œufs durs
- fines herbes
- 3 cornichons
- 1 cuillerée à soupe vinaigre de vin vieux
- 1 cuillerée à soupe de moutarde
- 40 cl d'huile d'arachide
- 1 cuillerée à soupe de câpres à queue
- 1 cuillerée à café de cerfeuil
- 1 cuillerée à café d'estragon
- sel fin
- poivre

Préparation :

¶ Éplucher les carottes, peler les oignons et les piquer avec les clous de girofle, éplucher l'ail. Verser l'eau dans une grande marmite, avec la farine, les carottes, les oignons, le bouquet garni, l'ail ; poivrer, saler et porter à ébullition. Plonger la tête de veau (sur laquelle on aura pressé le citron), faire reprendre l'ébullition, laisser cuire 2 heures à petit feu en écumant régulièrement. Laisser refroidir en couvrant (on peut placer un objet sous la marmite pour faciliter l'aération).

¶ Pendant ce temps, écaler les œufs durs, séparer les blancs des jaunes ; laver et ciseler les herbes, hacher les cornichons et les blancs d'œufs.

¶ Mettre les jaunes dans une terrine avec sel et poivre, broyer, vinaigrer, ajouter la moutarde, et verser l'huile en filet comme pour une mayonnaise. Battre sans cesse pour obtenir une consistance crémeuse. Ajouter les câpres et les cornichons, le cerfeuil, l'estragon, les blancs d'œufs coupés en petits dés, et au tout dernier moment les fines herbes ciselées.

¶ Servir la tête de veau tiède, présentée en morceaux, nappée de la sauce, et accompagnée de pommes de terre cuites à l'eau.

GIGOT DE SEPT HEURES : DES ROMAINS AUX GAULOIS ; DE LA BRAISE AUX BRAISES

Il n'y a pas de mais ! Ni de « mêêêh »... Les trois religions monothéistes s'entendent au moins sur un point : le sacrifice, chaque année, d'un jeune mouton à leur Dieu : l'Aïd el-Kébir pour les musulmans, Pessa'h chez les juifs, Pâques parmi les chrétiens. Symbole de l'immolation et de la rédemption, la viande donne ensuite lieu à autant de recettes que de régions, autant de cuissons que de goûts, autant d'assaisonnements que de traditions.

¶ ¶ ¶ Il n'y a pas de hasard non plus. Ces trois cultes plongent leurs racines dans le Bassin méditerranéen, terre d'élevage des ovins depuis la nuit des temps. L'animal exige peu de nourriture, il fournit de la viande, du lait, de la laine, et du très bon engrais excrémentiel. Gabriel Camps confirme d'ailleurs, dans un livre sur les *Premières Communautés paysannes en Méditerranée occidentale*, que « l'existence d'ovins durant le paléolithique est donc à peu près sûre » ; soit une préhistoire de plus de dix mille ans. Les recettes d'Apicius (*De re coquinaria*), parues trois siècles après la disparition de ce gastronome contemporain de Jésus Christ, recèlent des préparations d'agneau – dont le « tarpéien » – traduites par Bertrand Guégan en 1933 dans *Les Dix Livres de cuisine d'Apicius* : « Avant de le cuire, parez-le et le recousez. [Broyez] du poivre, de la rue[1], de la sarriette, de l'oignon et un peu de thym avec du garum[2]. Répandez cette préparation sur la bête et faites-la cuire lentement au four. » Les bases du plat étaient jetées, jusqu'à la sauce, réduite avec du vin afin d'être versée sur la « bête ».

1 Plante amère à feuilles jaunes et à forte odeur.
2 Condiment salé à base de chair de poisson macérée.

¶ ¶ ¶ « Cuire lentement »... Déjà ! Les Romains précurseurs du Slow Food... Ainsi mijoté à petit feu, le mouton gagnait en amabilité dans le goût et en tendreté sous la dent. Sur quelle durée ? Une heure, deux, cinq, sept heures ? Rien n'est dit. Apicius l'évaluait-il en fonction de la taille du morceau, de l'âge de l'animal, de son désir du moment ? Ou bien dépendait-elle du four dans lequel le récipient était déposé ? On peut imaginer en effet qu'après la fabrication du pain, on y plaçait la terrine qu'on laissait là jusqu'à extinction de la dernière braise. C'est ainsi en tout cas que procédèrent, par la suite, des peuplades gauloises – qui héritèrent peut-être de la technique après l'invasion romaine –, dont les Arvernes dans le Massif central, et notamment ceux du nord de la région, entre Riom et Montluçon : les Brayauds.

¶ ¶ ¶ Leur nom, soulignait en 1927 la revue mensuelle *Auvergne littéraire*, provient du fait qu'ils sont vêtus « de "brayes" ou espèce de culotte large qui couvre depuis la ceinture jusqu'aux genoux », braies que l'on retrouve dans les albums d'Astérix. Sur fond de musique régionale, vielle et cabrette, le vicomte Gonzague de Saulieu, propriétaire du château de Davayat près de Clermont-Ferrand, défendait cette culture, en 1968 sur l'ORTF : « Nous avons toujours pensé que dans cette région au cœur du pays brayaud, il était nécessaire non seulement de faire revivre le folklore, mais également la cuisine brayaude. »

Ainsi mijoté, le mouton gagnait en amabilité dans le goût et en tendreté sous la dent

¶ ¶ ¶ Par exemple le « gigot à la brayaude », autre nom du gigot de sept heures, dont le maître cuisinier de France Michel Corlouër, du restaurant Le Grenier à sel, à Montluçon, livrait la recette en 1992 dans *Chemins de traverse* sur FR3 Rhône-Alpes Auvergne : « D'abord, il faut un gigot bourbonnais, accompagné de garniture : des poireaux, des céleris, du persil feuille, des navets, de l'ail, oignons, carottes et pommes de terre. » Le plat désertait parfois les grandes tables ou les cuisines familiales pour se retrouver sur le bord des chemins : « Autrefois, au moment de la foire de Chignat, vers septembre, les femmes venaient faire l'agneau brayaude sur la route » racontait une restauratrice dans le *Magazine féminin*, en 1966 toujours sur l'ORTF.

¶ ¶ ¶ Les ovidés étant des animaux de transhumance, la recette a, elle aussi, beaucoup voyagé. Du Massif central, elle a migré vers le Lyonnais, le Berry (où le peuple des Bituriges arborait trois moutons dans ses armes), le Sud-Ouest (sans doute quand ces mêmes Bituriges furent intégrés à la Gaule aquitaine), puis un peu partout en France. La viande de mouton était appréciée couramment tandis que l'agneau, plus délicat, demeurait réservé aux couches sociales plus élevées ou à certaines fêtes, comme Pâques. Le médecin de François Ier, Jean Bruyérin-Champier, passe en revue, dans son livre encyclopédique *De re Cibaria* (1560), tous les aliments connus de son temps, et constate en effet qu'« on mange surtout du mouton d'un an ou même de deux ou trois ans ; nous savons que, tout comme le bélier, la brebis est exclue des repas élégants. Cependant, elle figure souvent sur la table des pauvres où elle est très appréciée. »

¶ ¶ ¶ La dénomination « gigot » remonte au *Viandier* de Taillevent, dans la seconde moitié du XIVe siècle. Par analogie de forme avec une gigue, instrument de musique à trois cordes ? Ou par lien avec « giguer » (gambader), en allusion aux cuisses de l'animal ? Quant à la toute première recette codifiée d'un « gigot de mouton de sept heures », elle apparaît en 1806, sous la plume d'Alexandre Viard dans *Le Cuisinier impérial* : « Vous mettrez cuire votre gigot pendant sept heures, s'il est fort, et vous le ferez aller à petit feu : vous en mettrez aussi sur le couvercle de la braisière. »

¶ ¶ ¶ Voilà les braises de l'âtre d'antan réinventées dans une marmite en terre cuite ou en cuivre, pour une technique de cuisson que Grimod de La Reynière n'hésite pas, à la même époque dans son *Almanach des gourmands*, à qualifier ainsi : « Les Braises sont une des parties les plus importantes du grand art de la cuisine. Cette manière de cuire les viandes est d'autant plus importante, qu'elle en relève infiniment le goût, et que, cuisant ainsi sans aucune évaporation, elles conservent tous leurs sucs, et ne perdent rien de leur esprit. [...] La moindre cuisinière peut faire un gigot de sept heures, qui est pour ainsi dire l'alphabet des Braises. » ☛

☛ ¶ ¶ ¶ Alexandre Dumas expérimenta lui-même les braises, les vraies, lors d'un méchoui mémorable dans le désert tunisien en 1833. Il en retraça le souvenir dans *Le Grand Dictionnaire de cuisine* : « ils couchèrent sur ce lit de charbon ardent le mouton avec sa peau, le recouvrant de la brassée de bois qu'ils avaient préparée d'avance et qui prit feu aussitôt [...]. Je dois dire que j'ai mangé du mouton dans quelques-unes des cuisines les plus renommées d'Europe, mais jamais je n'ai mangé de viande plus savoureuse que celle de mon mouton cuit sous les cendres ».

De nombreux écrivains furent séduits par ce mets goûteux et raffiné

¶ ¶ ¶ Dumas père n'était pas un bienheureux tombé des nues ; de nombreux autres écrivains furent séduits, de tout temps, par ce mets goûteux et raffiné. Citons, en vrac, Émile Zola, qui en farcit *Les Rougon-Macquart* : « Le préfet guettait un gigot. Il allongea la main, au bon moment, dans une éclaircie d'épaules, et l'emporta tranquillement » (*La Curée*) ; Alexandre Vialatte : « Le bonheur est dans le mouton (et surtout dans le gigot). C'est pourquoi Marie-Antoinette en élevait tant au hameau du Trianon » (*Vialatte à La Montagne*) ; Colette : « Quel ancêtre me légua, à travers des parents si frugaux, cette sorte de religion du lapin sauté, du gigot à l'ail, de l'œuf mollet au vin rouge, le tout servi entre des murs de grange nappés de draps écrus où la rose rouge de juin, épinglée, resplendit ? » (*La Maison de Claudine*) ; Lewis Carroll : « Et les domestiques placèrent un gigot de mouton devant Alice, qui le regarda d'un air anxieux car elle n'en avait jamais découpé auparavant » (*Alice au pays des merveilles*) ; Marcel Proust : « Mon dieu ! ils doivent avoir une faim ! et votre gigot qui doit être tout desséché après ce qu'il a attendu » (*Du côté de chez Swann*) ; Joseph Berchoux : « J'ai chanté le gigot dans un temps plus prospère : / De mon amour pour lui je fis l'aveu sincère ; / J'ose le faire encor : la misère du temps / Ne m'a point détourné de mes premiers penchants... » (*La Gastronomie*), etc.

¶ ¶ ¶ On se délecte d'un gigot de sept heures fondant à souhait comme d'une bonne lecture, en le laissant envahir tous les sens de son corps. En outre, la lente mitonnée dans une terrine lutée[3] a pour vertu majeure de lier la sauce et la viande (qui ne dessèche pas), et de maintenir tous les sucs et les parfums dont s'imprègne amoureusement la garniture de légumes. Avant même la mise en bouche, on peut aussi l'apprécier visuellement : sa couleur vive et brillante, rouge profond et tendre à la fois, renvoie à l'art pictural. Dès lors, comment ne pas avoir à l'esprit la nature morte *Pain et Gigot d'agneau* de Paul Cézanne, ni évoquer l'ultime demeure de Vincent Van Gogh, à Auvers-sur-Oise, cette auberge du père Ravoux qui proposait à la carte (et le propose toujours) un délicieux gigot de sept heures.

On se délecte d'un gigot de sept heures fondant à souhait comme d'une bonne lecture

3 Hermétiquement fermée par une pâte de farine et d'eau.

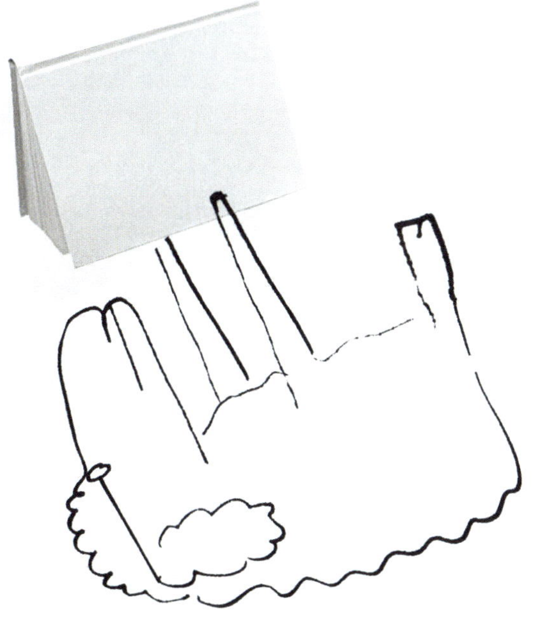

« Dans la cuisine bordelaise, on cuisait longuement des gros gigots de sept heures dans l'âtre d'une cheminée. On le travaillait aussi en cocotte, à la “chauffe coupée”, parfois il sentait un peu fort le mouton, mariné dans du vin rouge, porté à ébullition et cuit doucement au four une partie de la nuit. Le lendemain, il était confit, la viande se détachait de l'os, la sauce devenue onctueuse servait à napper les pommes de terre. Un vrai plat du Médoc, entre Beychevelle et Saint-Estèphe. » *TM*

GIGOT DE SEPT HEURES

Ingrédients pour 8 personnes :

- 1 gros gigot d'agneau
- 2 l de vin rouge de qualité
- 50 g de beurre
- 10 cl d'huile d'arachide
- 500 g de carottes
- 500 g d'oignons
- 10 gousses d'ail
- 80 g de farine
- 2 cuillerées à soupe de miel d'acacia
- 1 l d'eau
- Pâte pour luter la cocotte : 200 g de farine + 10 cl d'eau

Préparation :

- Préparer la pâte pour luter la cocotte. Mélanger la farine et l'eau jusqu'à obtention d'une détrempe homogène. Filmer et laisser reposer au frais 20 à 30 minutes.
- Plonger le gigot dans le vin pour le faire mariner (la veille pour le lendemain ou au moins 5 heures de marinade). Le sortir et le faire revenir dans la cocotte beurrée et huilée sur feu vif pendant 5 minutes.
- Ajouter les carottes et les oignons épluchés et coupés en gros dés, l'ail en chemise, la farine, le miel, l'eau, et le vin rouge de la marinade.
- Abaisser la pâte sous forme de cordon de 0,5 à 1 cm d'épaisseur.
- Porter à ébullition et couvrir pour laisser cuire (de préférence au four à 120 °C) en rendant le couvercle hermétique en collant la pâte à luter sur le pourtour.
- Le temps de cuisson dépend du goût : 2 heures au minimum, davantage pour une viande encore plus fondante (inutile d'aller jusqu'à 7 heures). On peut aussi le cuire 1 heure la veille et le réchauffer doucement 1 heure le jour du service. Retirer la pâte au dernier moment.
- Pour la présentation, enlever l'os et reformer le gigot.
- Servir avec du riz, des pommes de terre ou des pâtes fraîches.

LA QUICHE LORRAINE, OU L'ART D'UTILISER LES RESTES DE PÂTE À PAIN ET DE LARDONS

En 1955, sur les hauteurs de la Riviera, deux hommes déjeunent par une journée ensoleillée sous les arcades d'une villa cossue. Au loin, un village perché sur un éperon rocheux ; la Méditerranée se laisse deviner à proximité. Le ciel est cristallin, on imagine un paysage de l'Estérel ou des Alpes du Sud. Dos à ce panorama de cinéma, l'un des deux gars, pull clair finement rayé, petit foulard de soie, mèche gominée avec soin, visage hâlé, apparaît le plus décontracté du monde. Son interlocuteur, à l'allure d'un banquier ou d'un courtier, costume sombre et cravate assortie, semble un peu plus soucieux. Un instant de dialogue savoureux s'installe entre eux, lorsque le premier tend la main vers l'autre pour le servir : « – Votre assiette... C'est une quiche lorraine. Je pense que vous allez aimer. – Quich... ? J'en ai entendu parler. Ça a l'air très bon. – Oui. (Un silence, ils savourent) – Merveilleux ! La pâte est légère comme l'air. »

¶¶¶ Cette scène entre Cary Grant, plus vrai que nature en gentleman cambrioleur retraité, et John Williams, parfait dans son rôle d'agent d'assurances un peu coincé, est tirée de *La Main au collet* d'Alfred Hitchcock. Le succès du film, bien qu'il ne fût pas à la hauteur des chefs-d'œuvre signés par le maître du suspense, a-t-il servi la promotion du plat français ? Ce dernier, par sa présence sur grand écran, prouvait en tout cas qu'il appartenait *de facto* au patrimoine culinaire mondial. Hitchcock en était grand amateur, à tel point qu'il en livra, moins de trente ans plus tard, sa version dans le livre de Johna Blinn, *Celebrity Cookbook* : « Mélangez deux tasses de farine et une demi-tasse de beurre froid coupé en petits morceaux avec vos doigts jusqu'à ce que la texture ressemble à du sable grossier, ajoutez un jaune d'œuf... » etc. « jusqu'à ce que la crème soit dorée. Servez chaud directement dans le moule. »

« C'est une quiche lorraine. Je pense que vous allez aimer »

¶¶¶ Le cinéaste, qui disait de lui-même « Je ne suis pas un gros mangeur, je suis juste gros et je mange », avait l'habitude de placer dans ses films les repas à des moments clés de l'intrigue ; les suspects s'y observaient, se dévisageaient, des révélations étaient lâchées, des indices apparaissaient. Surtout, ce gourmand de la vie et gourmet de la table travaillait ses répliques à la lettre. Cette manière de faire dire à l'assureur « La pâte est légère comme l'air » renvoyait subtilement au mode opératoire du cambrioleur assis face à lui : un monte-en-l'air délicat et souple dans ses casses, passant inaperçu sur le moment mais laissant sa marque derrière lui. Oui, la quiche lorraine est ainsi, aérienne, mousseuse, fine au palais ; elle s'envole en bouche en y déposant un goût simple et exquis.

¶¶¶ L'image n'aurait pas déplu à Prosper Montagné, peintre à ses heures avant de devenir le grand cuisinier de l'entre-deux-guerres que l'on sait, lui qui était aussi un spécialiste de ce mets parmi les plus aisés à réaliser. Dans *Le Grand Livre de la cuisine*, il détaille la recette à travers une lettre que lui a envoyée l'écrivain lorrain André Theuriet : « Autrefois, dans nos campagnes, et même dans nos villes du Barrois et du Vermandois, beaucoup de familles faisaient chez elles le pain nécessaire à la consommation de la semaine. Le jour où l'on cuisait, on confectionnait avec la même pâte qui avait servi à faire le pain, la quiche, ou galette lorraine par excellence. » Montagné avait eu soin auparavant de spécifier qu'il s'agissait d'une « vieille préparation lorraine ».

¶ ¶ ¶ L'aventure remonte loin, en effet. Au moins à l'Ancien Régime selon l'historien Guy Cabourdin, qui expliquait dans *La Vie quotidienne en Lorraine aux XVIIe et XVIIIe siècles* comment « la qualité de la quiche lorraine, mince et croustillante, était en fonction de la fraîcheur des produits employés » ; il en a trouvé des traces écrites en 1605 dans les comptes de l'hôpital Saint-Julien de Nancy. Toutefois, une cuisinière du cru, tablier autour du cou et fière de son accent, prétendait dans un reportage au journal de TF1, en 2007, qu'il fallait en réalité remonter au siècle précédent : « Charles III était très friand de cette quiche lorraine. Donc, au début, c'était des produits qu'on trouvait dans les fermes : pâte à pain, œufs, crème fraîche et lardons. » La bougresse avait raison : le mot apparaît dans la comptabilité du duc de Lorraine et de Bar le 1er mars 1586 : « Au pâtissier : un gâteau feuilleté, quatre plats, fruits de fours. Au boulanger : échaudées et quiches. » Le document, aux archives de la mairie de Nancy, est signé par Philippe de Rarécourt, le maître d'hôtel du souverain.

¶ ¶ ¶ Quant à savoir d'où vient le nom, les exégètes se perdent en conjectures, entre le *Kuchen* (gâteau) allemand, le *kich* (cuisine) francique[1], ou le *Kichel* (petite tarte) rhénan. Dans ces temps anciens, on garnissait directement la galette – un peu comme pour une pizza – de dés de lard sur lesquels on versait une farce d'œufs battus et de crème fraîche ; les Lorrains ont baptisé « migaine » le mélange ainsi obtenu. Des Lorrains dont l'exode, après la guerre de 1870 (et non la généralisation des moules en fonte ou en tôle !) popularisa la quiche dans tout le pays. Le Mosellan Alfred Mézières, professeur à la Sorbonne et membre de l'Académie française – il fut aussi député puis sénateur – se targuait même, à l'orée du XXe siècle, d'être le président de l'Association des amis de la quiche.

1 Le francique était la langue parlée par les Francs.

☛ ¶ ¶ ¶ Voilà donc comment la tarte salée a gagné ses premiers galons, avant une renommée qui l'a propulsée sur les écrans de cinéma... Elle est issue, il est vrai, d'une cuisine régionale, comme bien d'autres fleurons de la gastronomie française, ce qui est loin d'être péjoratif. Patrick Rambourg dans son *Histoire de la cuisine et de la gastronomie françaises* cite Marcel Rouff : « il y a dans la quiche lorraine [...] toute la richesse raffinée de la France, tout son esprit, toute sa gaîté des mauvais comme des bons jours, tout le sérieux aussi qui se dérobe sous ses charmes, tout son goût de l'intimité libre, toute sa malice et sa pondération, tout son esprit d'épargne et de confortable, toute sa force substantielle » (*La Vie et la passion de Dodin-Bouffant, gourmet*). Aussi le chef d'Épinal Claude Obriot pouvait-il la défendre avec conviction dans *Regard Nord-Est*, sur France 3, en 2003 : « J'ai le souvenir de ma grand-mère qui faisait une quiche exceptionnelle ; je pense que toutes nos grands-mères faisaient ce plat-là de façon merveilleuse. [...] Il faut un exceptionnel lard, pas industriel, une crème épaisse, vraiment des produits de grands crus. À partir de là, il faudrait "labelliser" cette quiche lorraine. »

« Tout Lorrain qui se respecte apprécie sa quiche "chevelotte", c'est-à-dire tremblotante »

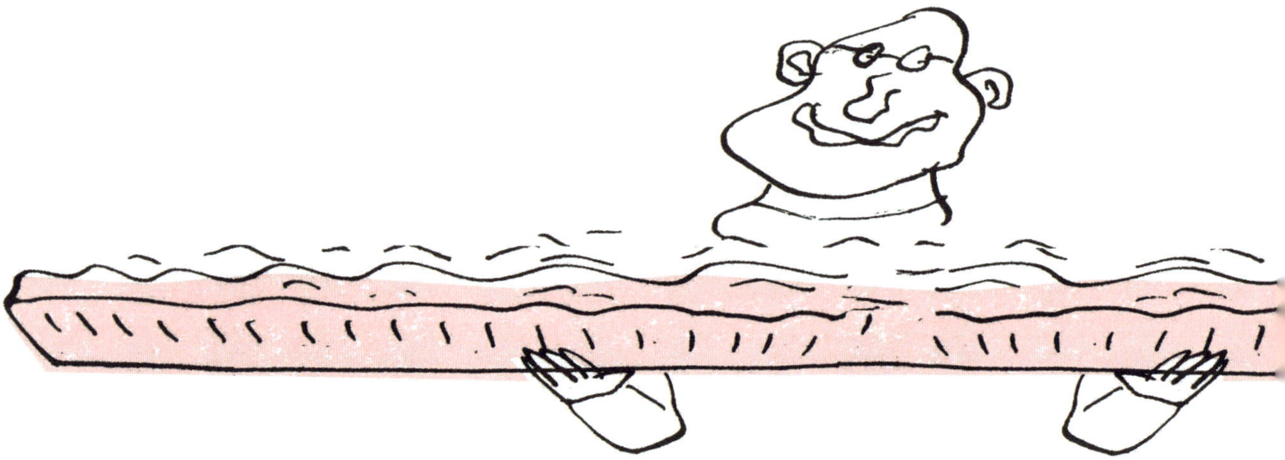

¶¶¶ La garniture, cette fameuse « migaine », n'a pas évolué depuis le début ; elle comporte toujours lard, œufs et crème, parfois muscade. Y rajouter des oignons ou du fromage, dénoncent les puristes, serait sacrilège (à moins de dériver vers des versions alsaciennes ou vosgiennes ?). Il semble aussi que la composition de ces galettes rurales variait souvent entre les différentes entités de la région, notamment le nord germanophone et le sud roman, ou en fonction des époques (le lard était-il présent dès le début ?). Deux éléments majeurs ont par ailleurs contribué au succès phénoménal de la quiche lorraine : la simplicité de sa confection, et le symbole absolu de convivialité et de moments partagés qu'elle représente. À l'origine n'était-elle pas dégustée le jour du pain, par tous les villageois venus faire cuire leur miche dans le fournil commun ? Cette dimension est d'ailleurs restée bien après la disparition des fours communaux. Lorsqu'un ami ou un visiteur passe à l'improviste, une quiche est vite préparée pour lui avec une salade verte.

La garniture comporte toujours lard, œufs et crème, parfois muscade

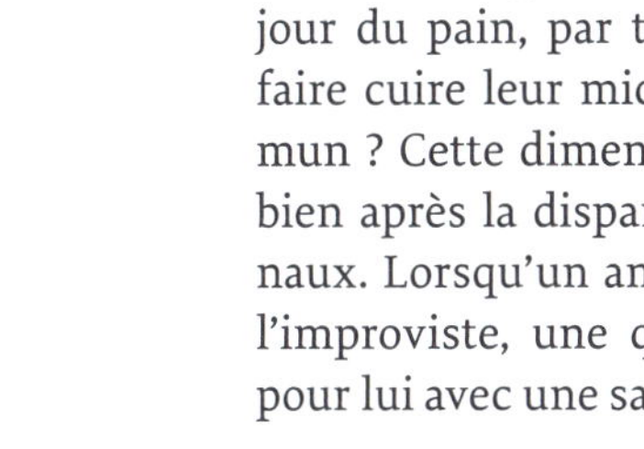

¶¶¶ Si « tout Lorrain qui se respecte apprécie sa quiche "chevelotte", c'est-à-dire tremblotante », ainsi que le soulignait Guillaume Crouzet dans *Le Monde* en 2000, la recette originale prévoit d'incorporer un tiers des œufs uniquement en jaunes, pour bien tenir la pâte. Marie-France Ponsart et Patrick Tanésy, deux cuisiniers rencontrés par Jean-Luc Petitrenaud sur des routes lorraines dans l'émission *Grands Gourmands*, sur France 3 en 1998, le confirment : « – Combien tu mets d'œufs ? – Six ! – Ah... Y'a un problème. – Je savais qu'avec toi, il y aurait des problèmes ! – J'en mets quatre... plus deux ! – Ah bon ? – Quatre œufs entiers, plus deux jaunes. Moi quand je fais une quiche, elle monte, et quand elle est montée, elle tient. Avec les deux jaunes. – Eh bien la mienne aussi ! »

¶¶¶ Bonne humeur, rapidité, facilité, saveur, comment ne pas répondre à l'appel de la quiche, dont l'odeur de cuisson avertit qu'il est temps de jouer de la fourchette ? « Devine ce que je t'ai préparé ? » demande madame Maigret à son commissaire de mari dans *Chez les Flamands*, l'un des premiers romans de Georges Simenon ; réponse de l'intéressé : « Des quiches ! Ce n'était pas difficile à deviner, étant donné que toute la maison en était parfumée. »

« Quand j'ai passé mon CAP "blanc", j'ai eu à préparer une quiche lorraine et je l'ai loupée ! La pâte n'était pas assez cuite, on m'a sermonné. J'ai finalement réussi à l'examen, mais j'ai toujours eu une revanche à prendre. Ce plat appartient à ces standards populaires qui ont été déformés : certains y ajoutent du jambon, d'autres tentent de tricher avec la crème. C'est dommage car il a une véritable authenticité, que je respecte ici. » *TM*

QUICHE LORRAINE

Ingrédients pour 1 quiche pour 8 personnes :

pour la pâte à foncer :

- 250 g de farine
- 125 g de beurre doux
- 1 jaune d'œuf
- 2 cl d'eau
- sel

pour la garniture :

- 200 g de lardons fumés
- 20 cl de lait entier
- 20 cl de crème liquide entière
- 2 œufs
- 2 jaunes d'œufs
- sel
- poivre
- noix de muscade râpée

Préparation de la pâte à foncer :

¶ Préchauffer le four à 170 °C.

¶ Mélanger la farine avec le beurre pour obtenir une pâte homogène. Ajouter le jaune d'œuf, le sel et l'eau. Travailler rapidement en poussant la pâte sous la paume de la main. Lorsque la pâte est homogène, l'envelopper de film alimentaire. Laisser reposer 1 heure au réfrigérateur (on peut la préparer la veille). Étaler la pâte dans un moule de 20 cm (ou dans des moules individuels) et la piquer à la fourchette. Poser sur la pâte un papier sulfurisé recouvert d'haricots secs ou de lentilles pour éviter qu'elle ne gonfle. Enfourner la pâte pendant 7 à 8 minutes. Une fois la pâte cuite à blanc, enlever le papier sulfurisé.

Préparation de la garniture :

¶ Faire sauter les lardons dans une poêle chaude sans ajouter de matière grasse jusqu'à ce qu'ils soient croustillants. Les égoutter sur du papier absorbant et les déposer sur la pâte.

¶ Pendant ce temps, dans un bol, battre le lait, la crème, les œufs entiers et les jaunes. Assaisonner selon le goût de sel, poivre et noix de muscade. Verser sur la pâte et les lardons ; enfourner pendant 30 minutes. Sortir du four, laisser reposer 5 minutes, et servir tiède, accompagné d'une salade.

L'ENVOLÉE DU SOUFFLÉ DE POMMES DE TERRE JUSTE AVANT LA RÉVOLUTION

Il s'en passait de belles, dans le ciel parisien, avant la Révolution. Ainsi le 21 novembre 1783, un drôle d'engin disputa l'horizon aux nuages : un globe plus léger que l'air, qui survola la ville depuis le parc du château de la Muette, à l'ouest, jusqu'à la Butte-aux-Cailles, à l'opposé, en suivant le sens des vents. À bord, Pilâtre de Rozier et le marquis d'Arlandes réussissaient le premier vol habité de l'histoire de l'humanité. Vingt minutes aventureuses, vingt minutes d'incertitude, d'émotion, de peur, d'excitation, et une perspective ouverte à l'infini pour l'aéronautique. Couleur or et azur, la machine était bordée, en haut, de fleurs de lys et de signes du zodiaque, décorée, au centre, de portraits du roi entremêlés de soleils, garnie, en bas, de mascarons et de guirlandes. Enfin, près de la galerie d'osier – depuis laquelle les deux hommes saluaient la foule ébahie –, des aigles, dessinés avec leurs grandes ailes déployées, semblaient porter l'engin dans son vol. Le globe était rond. Rond comme une pomme. Une pomme de ciel. ☛

¶ ¶ ¶ Beauvilliers reste, dans la mémoire collective de la gastronomie française, celui qui a ouvert le premier restaurant, en 1782, un an tout juste avant la naissance de l'aérostat, celui aussi à qui l'on doit l'invention du soufflé. Le Siècle des lumières s'achève, l'esprit scientifique prime partout, pour oublier toute forme d'obscurantisme, on cherche, on tâtonne, on progresse, on innove, on échange ; les salons font florès, les idées fusent. Les corporatismes vieillissent mal, les frontières deviennent poreuses ; depuis quelques décennies déjà, les rôtisseurs glissent discrètement un gobelet de vin pour accompagner leurs viandes, les aubergistes proposent en douce un ragoût à qui vient se désaltérer chez eux, les pâtissiers accompagnent leurs friandises d'une boisson chaude, les traiteurs ajoutent un dessert à leurs charcuteries, etc.

☛ ¶ ¶ ¶ Au sol, les badauds n'en revenaient pas. Au départ devant Louis XVI, la Cour, et des milliers de spectateurs, une fausse manœuvre faillit tout faire capoter. Finalement, vers deux heures de l'après-midi, en dépit de fortes bourrasques, la montgolfière de vingt et un mètres de hauteur sur quatorze de large, s'éleva doucement, entamant son incertain parcours. Le comte de Laval la suivit à cheval, tant bien que mal, escorté de gens courant après cette chose étrange et énorme. La trajectoire coupa la Seine près de l'île au Cygne, flirta avec le fleuve, avant de repiquer plus au sud. Partout se répandait le bruit de la folle épopée, que l'on suivait de loin en loin, dans l'agitation populaire. Depuis le Palais-Royal, les clients d'Antoine Beauvilliers, à La Grande Taverne de Londres, accoururent peut-être au quai des Tuileries pour apercevoir cette boule bleu et jaune ; les habitués lui auraient alors trouvé une ressemblance étonnante avec un de leurs plats préférés, bien rond lui aussi, aérien à souhait, avant-gardiste en son domaine : le soufflé. Un plat qui avait à voir avec une pomme. Une pomme de terre.

Un plat bien rond, aérien à souhait, avant-gardiste en son domaine

¶ ¶ ¶ En 1765, un nommé Boulanger ouvre rue des Poulies un « bouillon », sorte de buvette. Denis Diderot fréquente l'endroit, et en parle à Sophie Volland (*Correspondance*) : « Je sortis de là pour aller dîner au restaurateur de la rue des Poulies. On y est bien, mais chèrement traité. » Un panneau y proclame : « Boulanger débite des restaurants divins ». Car le substantif n'a pas encore remplacé le participe présent : le bouillon, avec ses morceaux de poule, de bœuf ou d'œuf, est un plat qui restaure à volonté, un plat « restaurant » (terme déjà connu en 1739 dans *Les Dons de Comus* de Marin : « faites suer dans une casserole les mêmes choses que si vous vouliez faire du restaurant ou consommé »). Mais le parlement de Paris est saisi par les traiteurs pour concurrence illégale, la polémique fait rage ; un édit royal, impulsé par Turgot en 1776, abolit les corporations, et un arrêt du 8 juin 1789, autorisant les traiteurs et restaurateurs à recevoir du monde dans leur salle et à y donner à manger, lance officiellement les restaurants (ils se multiplieront après la Révolution, quand les maîtres queux et cuisiniers de l'aristocratie persécutée se retrouveront privés d'emploi, et ouvriront leur propre enseigne).

¶ ¶ ¶ Celui de Beauvilliers n'est pas le plus réputé, il est en revanche le plus élégant et le plus onéreux, ce que regrette François-Marie Mayeur de Saint-Paul dans son *Tableau du nouveau Palais-Royal* : « Tout y est plus cher encore que chez tous les autres restaurateurs, ce qui empêche bien des personnes d'en approcher. Les habitués sont des officiers de distinction, de riches militaires décorés, de gros marchands ; en général la société la mieux composée. » Au moins, contrairement aux établissements voisins le long des arcades flambant neuves, où chacun mange seul à sa table et où l'on se regarde en chien de faïence, ici l'ambiance est festive, joyeuse, branchée dirait-on aujourd'hui. « L'établissement de Beauvilliers devient l'un des plus illustres restaurants de la capitale », note Patrick Rambourg dans son *Histoire de la cuisine et de la gastronomie française*. Il faut dire, ajoute Jean-François Revel, admiratif, dans *Un festin en paroles*, que l'homme retient « les noms et les visages de tous ses clients, capable de les reconnaître vingt ans après, même s'ils n'étaient venus chez lui qu'une seule fois, s'empressant, recommandant ou déconseillant un plat ».

¶ ¶ ¶ La carte est composée de plus de deux cent cinquante références, allant des potages aux compotes en passant par le pied de cochon, la saucisse aux choux, les pâtés chauds, les vol-au-vent, les entrées de poissons, les rôts, la truffe au vin de Champagne, le concombre à la béchamel, les omelettes, ou encore... le soufflé de pommes de terre. Est-ce vraiment Beauvilliers qui a créé cette dernière composition ? Elle apparaît, avec quelques autres soufflés dont celui « de pain à la vanille » ou « de frangipane », chez André Viard (*Le Cuisinier impérial*, 1806), mais dans *L'Art du cuisinier*, paru en 1814, Antoine Beauvilliers assure que « mon expérience de quarante-quatre ans me garantit le succès de ma doctrine », ce qui laisse à penser qu'il a appliqué ses recettes longtemps avant la Révolution. Dont celle-ci : « dressez votre soufflé en pyramide sur le plat que vous voulez servir ; mettez-le au four ou sous un four de campagne, avec feu dessous et dessus ».

¶ ¶ ¶ Le chimiste Hervé This, directeur de la Fondation science et culture alimentaire, précisait dans *L'Actualité chimique* d'octobre 2009 que « les soufflés gonflent non pas parce qu'ils contiennent de l'œuf, ni parce que l'air se dilate, mais surtout parce que l'eau de l'appareil[1] s'évapore » ; d'où l'importance de la croûte, car « si l'appareil est bien ferme, alors les bulles de vapeur, qui ne pourront pas le traverser facilement, soulèveront mieux le soufflé » ; et le constat qu'il « vaut mieux chauffer par la base que par le sommet », règle que semblait avoir parfaitement comprise Beauvilliers.

1 La pâte.

¶ ¶ ¶ Quant à la pomme de terre, à cette époque-là, elle entrait à peine dans les livres de cuisine. Née il y a plusieurs milliers d'années dans les Andes – où elle nourrissait déjà les peuplades sud-américaines qui savaient même la conserver sous la neige –, elle avait débarqué en Europe dans les malles des explorateurs espagnols au début du XVIe siècle. Elle gagna par la suite quelques régions de France, dont le Limousin, mais aussi Paris « puisque, en 1658, Denis Jouyet en cultivait au Jardin royal des plantes » à en croire Prosper Montagné dans *Le Grand Livre de la cuisine*. Sa croissance, à partir d'un tubercule et non d'une graine, ainsi que son goût incertain suscitaient néanmoins une grande méfiance, à tel point que Diderot la dénigrait dans son *Encyclopédie* de 1765 : « Cette racine, de quelque manière qu'on l'apprête, est fade et farineuse. »

¶ ¶ ¶ Le seul argument favorable qu'on lui trouvât fut son abondance : elle permettait de nourrir les paysans durant les grandes disettes. Pierre Bonte rappelait en 1993 sur France 3, dans l'émission *Goûtez-moi ça*, que « les amateurs de pommes de terre doivent beaucoup à la Picardie puisque c'est à Montdidier qu'est né Antoine Augustin Parmentier, dont on dit qu'il est l'inventeur de la pomme de terre ». Ce pharmacien, convaincu des vertus du tubercule, persuada surtout Louis XVI d'en faire la promotion, notamment par un dîner royal « spécial pommes de terre » en 1785. De la pomme de terre à la Cour jusqu'au soufflé dans les nouveaux restaurants du Palais-Royal, il n'y eut qu'un pas...

« Les soufflés gonflent non pas parce qu'ils contiennent de l'œuf, ni parce que l'air se dilate, mais surtout parce que l'eau de l'appareil s'évapore »

¶ ¶ ¶ Depuis, le plat a conquis ses lettres de noblesse. D'abord sous la plume d'un certain Marcel Proust, rien de moins, dans *À l'ombre des jeunes filles en fleurs* : « L'ambassadeur, lui dit ma mère, assure que nulle part on ne mange de bœuf froid et de soufflés comme les vôtres. » Ensuite dans les cuisines des grands chefs, comme Prosper Montagné qui recommandait de le préparer « avec purée de pommes », de le « dresser en timbale beurrée » et de le « cuire comme un soufflé ordinaire » (*Le Grand Livre de la cuisine*) ; ou comme Michel Guérard qui évoquait, en 1976 sur TF1 dans *La Grande Cocotte*, un produit « bien de chez nous, bien français » et demandait à Alex Imbert, ancien chef du Maxim's, de livrer une de ses recettes favorites.

¶ ¶ ¶ Bref, la renommée du soufflé aux pommes de terre n'est pas près de retomber...

« Le soufflé de pommes de terre est une texture que les gens adorent, je ne pouvais pas passer à côté. Or, il représente souvent une véritable hantise pour tout jeune collaborateur qui commence dans le métier, ou pour la ménagère qui reçoit à la maison. Il s'agit donc de dédramatiser cette recette pour comprendre qu'elle n'est pas aussi compliquée qu'on le dit. » *TM*

SOUFFLÉ DE POMMES DE TERRE

Ingrédients pour 4 personnes :

- 600 g pommes de terre (bintje)
- 4 œufs
- 90 g de beurre
- 20 cl de lait
- 2 truffes (en fonction de son budget entre 25 g et 100 g ou une cuillerée à soupe de jus de truffe à mélanger avec la pulpe de pomme de terre)
- sel et poivre

Préparation :

- Beurrer soigneusement et fariner légèrement les moules à soufflé.
- Éplucher les pommes de terre, les couper en morceaux, les faire cuire 30 minutes dans de l'eau salée, puis les réduire en purée à l'aide d'un moulin à légumes, muni d'une grille fine. Passer la purée au tamis.
- Préchauffer le four à 180 °C.
- Séparer les jaunes des blancs d'œufs.
- Dans une casserole, mélanger sur feu doux la purée, le beurre et le lait.
- Hors du feu, ajouter les jaunes un à un, incorporer les truffes hachées. Saler, poivrer.
- Monter les blancs en neige et les ajouter délicatement au précédent mélange avec une Maryse. Remplir les moules à soufflé, lisser la surface avec une spatule, décoller l'appareil du bord du moule avec un doigt ou avec une pointe de couteau huilée, les disposer sur une plaque et les enfourner 20 minutes.
- Servir et manger dès la sortie du four.

LES BISCUITS À LA CUILLER POUR LES PALAIS DES DIPLOMATES

Certains l'appelaient « le diable boiteux » en raison de son pied-bot, d'autres le qualifiaient de « pape de la diplomatie », ce qu'il était à coup sûr vu son parcours : évêque d'Autun, député aux États généraux sous l'Ancien Régime, président de l'Assemblée nationale pendant la Révolution française, ministre des Relations extérieures de Napoléon, ministre des Affaires étrangères sous la Restauration, ambassadeur durant la monarchie de Juillet ; voilà un homme qui, sans conteste, savait passer entre les gouttes ! Surtout, la force de conviction de Charles-Maurice de Talleyrand-Périgord, telle une vague tempétueuse de grande marée, avalait les digues argumentaires les plus solides chez ses adversaires.

¶ ¶ ¶ Ainsi, dans la pièce de théâtre *Le Souper*, Jean-Claude Brisville imaginait-il que Talleyrand parvînt, en un repas, à retourner son ennemi juré Fouché : « Combien de temps avons-nous devant nous pour souper dans le calme ? [...] Disons deux heures. Deux heures pour trouver un régime à la France. » Scène imaginaire, qui aurait pu se dérouler en réel, ce soir du 6 juillet 1815, deux semaines après l'abdication de l'Empereur, vaincu à Waterloo, et à la veille du couronnement de Louis XVIII. Chateaubriand, dans ses *Mémoires d'outre-tombe*, raconte l'épisode de l'allégeance du ministre de la Police de Napoléon au futur roi : « Tout à coup une porte s'ouvre : entre silencieusement le vice appuyé sur le bras du crime, M. de Talleyrand marchant soutenu par M. Fouché ; la vision infernale passe lentement devant moi, pénètre dans le cabinet du roi et disparaît. Fouché venait jurer foi et hommage à son seigneur : le féal régicide, à genoux, mit les mains qui firent tomber la tête de Louis XVI entre les mains du frère du roi martyr ; l'évêque apostat fut caution du serment. »

¶ ¶ ¶ Habile intrigant lui aussi, Fouché ne rechigna sans doute pas à accepter son sort. Mais, au-delà du poste d'ambassadeur qu'il négocia, peut-être succomba-t-il – si le « souper » eut bien lieu – à un argument définitif : le dessert inventé pour Talleyrand par son pâtissier Antonin Carême ? Ah ! ce délicieux biscuit à la cuiller, à la fois craquant et moelleux, douceur poudrée de fin d'agapes qu'on laissait s'évanouir sur la langue, les yeux fermés et l'esprit envahi par les plus lointaines pensées ! À l'heure où le Tout-Paris n'avait de papilles que pour le café, c'était dans un verre de madère que le diplomate en raffolait. Ainsi, durant de longs palabres ou de délicates négociations, face à ses invités dans le boudoir de son hôtel de Saint-Florentin à l'angle de la Concorde, il pouvait siroter tout à loisir.

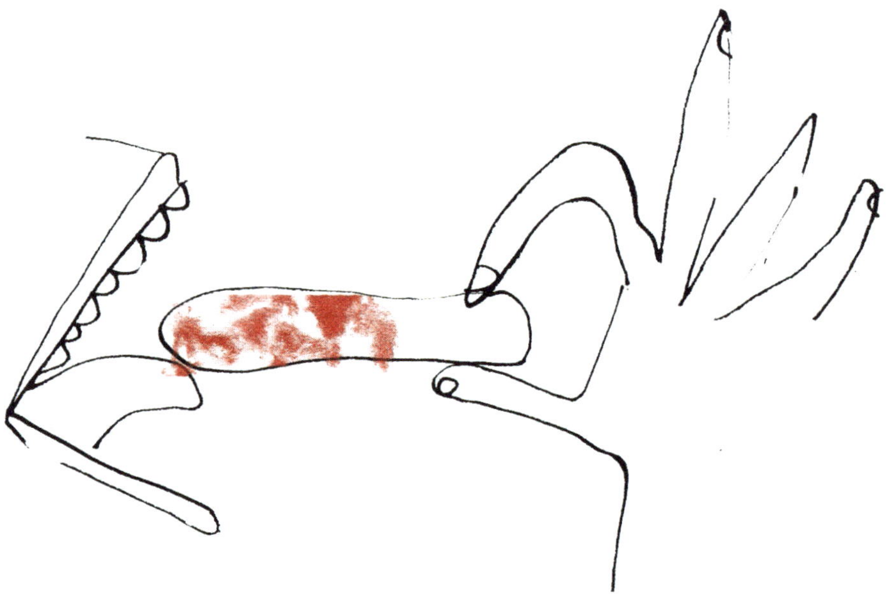

¶ ¶ ¶ Au reste, nul caprice en ce geste, la coutume voulait alors que l'on trempât, en guise de dessert, un biscuit dans du vin. Colette nous le rappelle dans « *Le six à huit* » *des vins de France* : « Où sont-ils [...] ces biscuits trapus qu'une membrane fragile reliait par files de quatre, qui semblaient de pierre mais défaillaient, fondants, au contact du vin ? » Le plus souvent s'agissait-il de petits gâteaux secs, à l'image de ceux qu'emportaient sur leurs navires les Romains, Grecs et autres grands navigateurs espagnols ou portugais à la croisée des océans. Pour des raisons de conservation, ces galets de pain, ronds ou carrés, étaient desséchés par un double passage au four ; d'où leur nom : « bi-cuit », cuits deux fois. Ils glissèrent ensuite, en toute logique guerrière, des cales des expéditions maritimes lointaines vers les paquetages des troupes terrestres, ce dont se souvient Maurice Barrès dans ses *Cahiers* : « On croque des biscuits de campagne envoyés par quelque enfant du village qui fait son service en France. » Les derniers conscrits, avant la fin de l'obligation militaire, se souviennent encore de ces gâteaux, secs comme de la trique, presque immangeables, même lorsqu'ils étaient plongés dans le chaud (à l'inverse des tout premiers BN qui, à peine mouillés, s'effondraient déjà).

¶ ¶ ¶ Talleyrand, lui, préférait les friandises rapportées à la cour de France par Catherine de Médicis au milieu du XVIe siècle. Des biscuits légers et onctueux, dont la pâte était travaillée à la cuillère afin de ne pas l'abîmer. Ils pouvaient alors être « composés de sucre, de farine et d'œufs, parfumés à l'anis ou à la coriandre », et devaient « leur légèreté au fait que l'appareil[1] [était] battu longtemps » selon Annie Perrier-Robert (*Dictionnaire de la gourmandise*), qui précise avoir lu chez Gilliers en 1768 (*Le Cannaméliste français*) : « On les dresse en long, avec une cuiller, sur une feuille de papier. » Si l'origine du nom souffre plusieurs versions (la cuillère pour remuer la pâte ? ou pour la coucher ?), il semble acquis en revanche qu'ils étaient ronds. Pas faciles, donc, à tremper dans un verre de madère !

1 La pâte.

Une douceur poudrée de fin d'agapes qu'on laissait s'évanouir sur la langue

¶ ¶ ¶ Intervint alors le génie de Marie-Antoine Carême (qui se surnomma lui-même « Antonin ») pour déposer une forme allongée, belle et régulière, sur sa plaque à cuire. Au reste, il ne fit que plagier un illustre inconnu, à qui il rendit hommage dans *Le Pâtissier royal parisien*, sans toutefois le nommer : « Je dois ici faire une mention honorable de l'homme qui a imaginé le procédé du cornet de papier dont on se sert maintenant pour décorer et meringuer nos entremets modernes. [...] Après avoir fait un cornet avec une demi-feuille de papier d'office, [...] vous pliez le haut du cornet, afin que la pression se fasse à volonté, et que l'appareil ne puisse sortir que par la pointe du cornet, dont l'ouverture est plus ou moins grande, selon l'objet que l'on veut perler, meringuer et historier. » Naissance de la poche à douille...

Naissance de la poche à douille

¶ ¶ ¶ Analphabète dans une famille pauvre qui l'abandonna à l'âge de huit ans aux portes de Paris, Antonin Carême devint un écrivain prolifique. Aide-cuisinier chez un cabaretier bon marché, il construisit son apprentissage dans la maison Bailly, pâtisserie de renom près du Palais-Royal, où il dessinait la nuit des planches d'architecture (son rêve : « Il considérait que la cuisine était le plus beau fleuron de l'architecture », selon Georges Bernier, auteur du livre *Antonin Carême*, interrogé par France 3 Orléans en 1999). Intelligent, agile d'esprit, entrepreneur, il gravit tous les échelons de la cuisine pour être sacré par ses pairs et ses successeurs « cuisinier des rois, roi des cuisiniers ». Jean-François Revel écrivait de lui dans *Un Festin en paroles* : « Carême possédait le je-ne-sais-quoi d'élégance, de tension, de charme, d'insatisfaction, de secret, de fierté, de promptitude créatrice et d'acharnement au travail, ce quelque chose de plus que la "classe", et où nul de ceux qui le virent ne crurent devoir balancer à reconnaître le génie. » Voilà donc l'homme qui inventa le biscuit à la cuiller dans sa version contemporaine.

¶ ¶ ¶ À ne pas confondre avec le boudoir, dont le nom viendrait peut-être aussi de ce salon où Talleyrand recevait ses hôtes. Même forme en longueur, même ambition d'agrémenter un café ou un alcool, même tombée en neige de sucre pour en blanchir la surface, mais différence fondamentale dans la fabrication. Le boudoir supporte que tous ses ingrédients soient mélangés et cuits ensemble ; il est plus sec. Le biscuit à la cuiller, à l'inverse, nécessite que les blancs d'œufs soient battus à part et intégrés avec délicatesse, d'où son côté aérien, presque mousseux ; François Massialot insistait déjà en 1690 (*Nouvelle Instruction pour les confitures, les liqueurs, et les fruits*) dans sa préparation de « Biscuits du Palais-Royal » : « Fouetter bien les blancs jusqu'à ce qu'ils soient montés en neige, et les fouetter encore le plus longtemps que l'on peut. » Surtout, le biscuit à la cuiller se cuit en deux temps, comme chez Antonin Carême : « Vous devez enfourner vos biscuits dans un four d'une chaleur modérée, et laisser les bouchoirs entr'ouverts, afin de donner le temps aux biscuits de faire leur effet. Après sept à huit minutes de cuisson, vous fermez le four, et les retirez dès qu'ils sont colorés d'un beau blond rougeâtre. » Mieux vaut ajouter le sucre glace avant la deuxième phase, ainsi se forme un sirop qui bouillonne en chauffant et forme de petites perles, habillant le tout comme des bulles de champagne.

¶ ¶ ¶ D'où, peut-être, le mariage entre le tendre gâteau et la boisson pétillante, même si la Champagne conserve la tradition des biscuits de Reims légèrement rosés ou des croquignoles, perpétuée par la maison Fossier. Dans le Morvan, l'établissement Grobost se consacre, lui, aux biscuits à la cuiller, selon une recette familiale primée en 1900 à la foire internationale de Montluçon. Dame ! Ce n'était pas rien. Aussi, un siècle plus tard, le journal de France 2 lui consacrait un reportage entier : « Le sucre glace est fabriqué maison ; grâce au moulin de l'arrière-grand-père, la cascade de douceur immaculée tombe sur les gâteaux fin prêts à partir au four. » Un four en pierre, dont la sole et la voûte ont été restaurées, tout comme les cinquante brûleurs au gaz qu'il faut allumer tous les matins. Frédéric, l'actuel patron, de rappeler que le vrai biscuit à la cuiller doit impérativement être réalisé « avec des blancs montés en neige, et avec des jaunes montés avec le sucre et la farine. Les tricheurs font de la génoise moulée. » Qu'on se le tienne pour dit, y compris chez les plus illustres, mais Pierre Hermé, par exemple, qui l'avait intégré dans sa collection automne 2012 « Infiniment citron », a respecté la bonne règle.

¶ ¶ ¶ Antonin Carême, inspiré par son maître Talleyrand et sa « diplomatie de boudoir », mérite le mot de la fin – en référence aux biscuits à la cuiller ? – : « L'art culinaire sert d'escorte à la diplomatie européenne ! »

« Le premier entremets que j'ai réalisé en apprentissage était une charlotte aux poires et, bien sûr, le tour de cette charlotte était composé de biscuits à la cuiller que nous faisions nous-mêmes. À l'époque, on couchait chaque gâteau à la poche, un par un, comme vous allez le faire à la maison. Je n'étais pas très droit dans mon trait ! Je me suis un peu aguerri, vous verrez qu'il faut juste attraper le tour de main. » *TM*

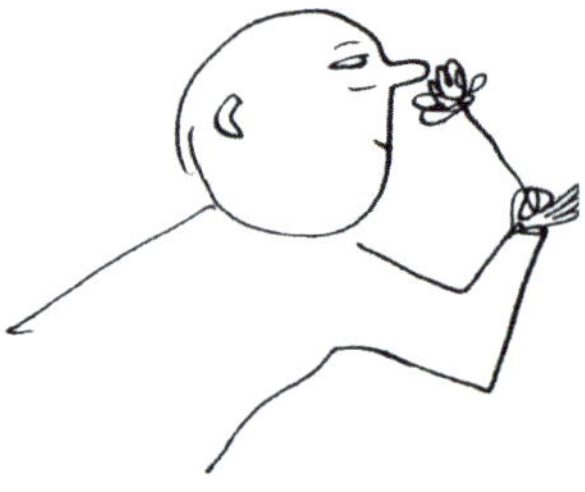

BISCUITS À LA CUILLER

Ingrédients pour 40 biscuits :

- 10 jaunes d'œufs
- 10 blancs d'œufs
- 250 g de sucre
- 200 g de farine
  + 50 g de fécule tamisées
- du sucre glace en abondance

Préparation :

¶ Préchauffer le four à 200 °C.

¶ Fouetter pendant 5 minutes les jaunes d'œufs pour les faire doubler de volume. À l'aide d'une Maryse, incorporer les blancs montés en neige avec le sucre, puis la farine et la fécule. Quand la pâte est onctueuse et homogène, la déposer sur une plaque de four couverte de papier sulfurisé à l'aide d'une poche à douille, munie d'une douille n° 8, en donnant la forme allongée des biscuits.

¶ Enfourner une première fois à 200 °C pendant 5 minutes et quand le biscuit a gonflé, mais sans être coloré, le ressortir et le saupoudrer généreusement de sucre glace. Repasser à four chaud à 170 °C pendant 5 minutes et laisser refroidir. On peut conserver les biscuits à la cuillère deux à trois jours dans une boîte hermétique.

UNE SOLE ACCOMMODÉE PAR UNE MEUNIÈRE POUR UN BOULANGER !

Voilà une histoire d'amour comme l'aiment les foules. Un mari puissant et adulé, une maîtresse insoupçonnée, un écrin provincial pour des amours secrètes, une fin tragique. Nous sommes au crépuscule du XIXe siècle.

¶ ¶ ¶ Georges Boulanger, nommé ministre de la Guerre en 1886, se montrait un fervent partisan d'une revanche sur les Allemands qui avaient ridiculisé la France, quinze ans plus tôt, dans un affrontement éclair avec annexion de l'Alsace et de la Moselle. Son passage au gouvernement fut bref, seize mois, mais le crédita d'une popularité sans égale, qu'il mit à profit lorsqu'il fut remercié par le nouveau président du Conseil (les Premiers ministres valsaient durant ces périodes agitées). D'abord « limogé » à Clermont-Ferrand, il fut ensuite rayé des rangs militaires ce qui lui permit d'engager une carrière politique ; les nationalistes se rassemblèrent en masse derrière lui. Dès lors, le « boulangisme », prêt à ébranler la Troisième République, devenait une menace qu'il fallait stopper net. Le général, suite à la levée de son immunité parlementaire, fut expulsé en Belgique.

¶ ¶ ¶ Au sein de ce parcours public, l'étape auvergnate constitua un événement majeur dans sa vie privée, au-delà d'une banale idylle : Boulanger y vécut la passion amoureuse de sa vie. La belle s'appelait Marguerite de Bonnemains, divorcée d'un vicomte ; elle remplaçait définitivement l'épouse officielle dans le cœur de l'homme le plus acclamé du pays. Par discrétion, les deux amants se donnaient rendez-vous à Royat, près de Clermont, dans un ancien moulin devenu l'auberge des Marronniers, tenue par une certaine Marie Quinton, qui a narré ces amours clandestines dans un livre publié en 1895 : « deux cris, deux cris inoubliables, se croisent : "Marguerite !" "Georges !" Il s'est jeté dans ses bras, il la serre à la broyer, il la couvre de baisers avec une impétuosité sans nom. Elle veut parler, il lui ferme la bouche de ses lèvres, et il l'embrasse avec furie, sur les cheveux, le front, les yeux, le cou, les épaules, les bras, les mains, partout où sa bouche rencontre la chair de sa bien-aimée. C'est une scène indescriptible de félicité, de délire, de bonheur surhumain. » Durant leur exil belge, en 1891, Marguerite de Bonnemains mourut d'une pleurésie ; sur sa tombe, quelques semaines plus tard, Georges Boulanger se donnait la mort à son tour.

Rouler le poisson dans une fécule avant de le faire cuire à la poêle dans du beurre

¶ ¶ ¶ En préambule de son récit, best-seller réédité plus de quarante fois, Marie Quinton précise : « Qu'on me pardonne de me présenter moi-même sous ce nom de "Belle Meunière". Depuis mon enfance, je n'en connais pas d'autre. » Car le livre s'appelle *Le Journal de la Belle Meunière* (attention, rien à voir avec le film de Marcel Pagnol où Tino Rossi chantait : « Je viens à ma manière / Sous un soleil encore lointain / Chanter le salut du matin / Bonjour, belle meunière »). Or d'après Kilien Stengel, dans le *Répertoire des maîtres de la gastronomie*, « cette restauratrice de Royat, en l'établissement "les Marronniers", créa la "sole belle meunière" qui devint "sole meunière" ». Quel drôle de destin, pour un plat, que d'être affublé du nom d'une fabricante de farine afin de satisfaire la gourmandise d'un type qui portait celui d'un vendeur de pain !

¶ ¶ ¶ En réalité, ce mode d'apprêt – qui consistait à rouler le poisson dans une fécule avant de le faire cuire à la poêle dans du beurre – était déjà répandu à l'époque. Claudine Brécourt-Villars explique d'ailleurs, dans *Mots de Table, Mots de Bouche*, qu'« à la meunière » provient de la « réfection, d'après meule, de l'ancien français *mounier* issu du latin *molinum*, moulin, utilisée dans le domaine de la cuisine à la fin du XIXe siècle », on ne peut pas être plus précis. Si la formule s'applique à des truites, des limandes, de la plie, du turbot, des laitances, de la cervelle, des ris de veau, voire des cuisses de grenouille, elle a néanmoins conquis ses lettres de noblesse grâce à la sole.

¶ ¶ ¶ L'animal, pourtant, ne paye pas de mine. Aplati comme une sandale, à qui il doit son nom en latin – les Romains raffolaient de la *solea Jovi*, la « sandale de Jupiter » –, il vit tapi dans les fonds marins sableux ou vaseux, les deux globes oculaires sur le dessus. « Si les soles ont les deux yeux du même côté comme les femmes de Picasso, présumait le critique gastronomique du *Figaro* James de Coquet, c'est parce qu'elles fainéantisent dans le sable. Pourquoi la sole est-elle en forme de semelle ? Sans doute pour être empêchée de se retourner tel un insomniaque, ce qui lui permet de garder le ventre blanc et le dos noir. » À propos de sa couleur, Raymond Oliver et Catherine Langeais se taquinèrent, en 1957 sur la RTF, dans *Art et Magie de la cuisine* : « – Alors, Raymond, c'est une blonde ou une brune ? – Oh vous savez Catherine, moi au printemps... – Raymond, c'est sérieux ! Je vous parle des soles. – Ah ! Les soles ! Alors là je peux vous dire que c'est une sole brune. – Écoutez, je me suis donné du mal, j'ai appris ma leçon. – Et qu'avez-vous appris ? – Que les soles blondes étaient des soles de sable, les soles brunes des soles de roche. – Mais c'est très bien, ça, Catherine ! » En même temps qu'il menait ce dialogue innocent, le chef du Véfour levait ses filets à l'aide d'un couteau à lame fine ; travail tout en précision et en délicatesse qui ne pardonne aucun écart, sous peine de rater ses quatre beaux morceaux. Le duo a présenté plusieurs émissions autour de ce poisson.

☛ ¶ ¶ ¶ Les recettes de sole, en effet, ne manquent pas. Quarante-deux chez Curnonsky (*Cuisine et Vins de France*), cent trente-trois par Escoffier (*Le Guide culinaire*), et cent cinquante-neuf avec Montagné (*Le Grand Livre de la cuisine*) entre les soles entières, les filets, les tourtes, les timbales, les croustades, les paupiettes, les barquettes, etc. L'une des plus connue est la « sole normande », comme le confirmait Michel Guéret, bailli de Normandie de la Chaîne des rôtisseurs, en 1966 au Centre d'actualités télévisées de Caen : « Nous avons notre grande dame, la sole normande, qui est notre grand plat classique. Les origines, d'ailleurs, sont un peu discutées. Mais enfin je crois que l'on peut dire que la création de cette recette a eu lieu dans un petit restaurant très réputé de l'époque, il y a cent trente ans, que fréquentait le duc de Chartres, second fils du duc d'Orléans. » L'auberge en question, le Rocher de Cancale, tenue par un certain Langlais, rue Montorgueil à Paris, vit défiler tous les personnages de *La Comédie humaine*, ainsi que Balzac lui-même, mais aussi Grimod de La Reynière et son jury qui goûtaient et notaient les produits des artisans, inaugurant en quelque sorte les labels. Enfin, l'écrivain Georges Perec, dans *Penser/Classer*, proposait des recettes de « sole aux champignons », « sole à la crème » ou, plus original, « sole au Noilly ».

¶ ¶ ¶ La sole vivante manque sans doute d'attrait, mais sa chair est un délice. Sa finesse a été appréciée de tout temps. On la trouve déjà dans *Le Viandier* de Guillaune Tirel, dit « Taillevent » : « SOLLES. Eschaudés, et affeitiés, et cuisés comme pleis, et qui veult rostie, sans escharder[1] ; et aucuns l'escorchent devers le dos, et au verjus, et la frire sans ferine et sans eschauder. Mengier au verjus. » Sous Louis XIV elle est devenue un mets royal. Quant à la « meunière », Prosper Montagné en livre sans doute l'une des préparations parmi les plus simples : « Assaisonner la sole de sel et de poivre, la saupoudrer de farine. La cuire à la poêle, au beurre brûlant. La faire bien dorer de chaque côté. La dresser sur un plat long bien chaud. »

¶ ¶ ¶ Né à Carcassonne en 1865, ce chef, hélas un peu trop oublié de nos jours, fut un cuisinier hors pair. De lui, l'*Encyclopædia Britannica* dit : « Montagné a été l'un des plus grands chefs français de tous les temps et il s'est assuré une place dans l'histoire de la gastronomie en créant le *Larousse gastronomique* (1938), l'encyclopédie de base de la gastronomie française. Encore jeune [...], il était venu à la conclusion qu'il fallait rejeter toutes les pièces montées, ainsi que les garnitures et les décorations superflues. » Simplicité, tel fut donc le maître mot de celui qui dirigea les cuisines du Pavillon d'Armenonville, de Ledoyen ou du Grand Hôtel de Paris, et qui laissa de nombreux ouvrages dont certains ont longtemps fait référence.

1 Sans ôter l'écaille.

La sole vivante manque d'attrait, mais sa chair est un délice

¶ ¶ ¶ Pour conclure, voici les mots d'une Américaine dont les plaisirs du palais enthousiasmaient la plume, Mary Frances Kennedy Fisher, surnommée « poète des appétits ». Traductrice de Brillat-Savarin, auteur d'une étonnante *Biographie sentimentale de l'huître*, elle écrivit un jour dans *Time-Life* : « Pour moi, la seule façon de savoir si un restaurant me reverra [...] consiste à commander une sole meunière. [...] Le chef aura eu soin de verser sur le poisson le restant de beurre contenu dans la poêle ; cette sauce dorée et délicatement assaisonnée ne contient ni fines herbes, ni aucun autre ingrédient. Sur l'assiette on aura eu soin de disposer des quartiers de citron. Mon couteau à poisson me permettra de détacher un côté du poisson et d'arracher les fines arêtes latérales. Ensuite, je pourrai dégager la grande arête de la douce créature et m'attaquer à la seconde partie, encore chaude et imprégnée d'un surcroît de beurre[2]. » Peut-on rêver d'un plus bel hommage ?

2 Citée par Sylvie Girard-Lagorce dans *Grandes et Petites Histoires de la gourmandise française*.

« Ce qui était fascinant avec la sole meunière, à une certaine époque, c'était de voir le cuisinier du restaurant venir à votre table pour découper la sole devant vous. La première fois que cela m'est arrivé, j'ai trouvé le geste très beau. Mais surtout, laisser cuire le poisson sur l'arête lui apporte, au-delà de la fantaisie du farinage, une saveur très particulière, une forme d'excellence. » *TM*

SOLES MEUNIÈRES

Ingrédients pour 4 personnes :

- 4 soles écorchées et ébarbées (les faire préparer par le poissonnier)
- 6 cuillerées à soupe de farine
- 100 g de beurre salé
- 12 brins de persil
- 1 citron
- sel et poivre

Préparation :

¶ Saler et poivrer les soles, les passer rapidement dans la farine, et les secouer pour retirer l'excédent.

¶ Faire fondre le beurre dans une grande poêle, puis le clarifier (laisser le petit-lait au fond et ne garder que la partie liquide). Y faire dorer les soles à feu vif, environ 3 minutes de chaque côté et les déposer dans l'assiette.

¶ Pendant ce temps, remettre la poêle sur le feu avec le persil haché. Verser sur la sole et ajouter en dernière touche un filet de citron.

QUAND LA SOUPE À L'OIGNON REQUINQUAIT LES « FORTS » DES HALLES

Le cœur au bord des larmes, ce 27 février 1969, les «forts» des Halles vivent leur dernière nuit d'activité à charger et décharger les cageots entre les pavillons Baltard. Ils ont déjà compris que leur profession ne survivra pas à ce que les chroniqueurs de l'époque nomment «le déménagement du siècle». 20 000 personnes quittent ainsi, jusqu'aux premiers jours de mars, les pavillons de fer, de fonte et de verre qu'elles ont arpentés plusieurs décennies durant. Le carreau – où bouchers, maraîchers, charcutiers, volaillers, poissonniers, fleuristes, et autres marchands de pain, beurre, lait ou fromage déposaient leurs produits frais – quitte le ventre de Paris pour s'exiler vers une ville qui attendra encore un peu avant de se faire une réputation internationale : Rungis. Durant ces jours-là, une noria de camions assure les allers-retours pour transporter les milliers de tonnes de matériel et de marchandises ; des dizaines d'entreprises meurent tandis que plusieurs centaines d'autres prennent avec angoisse un nouveau départ.

¶ ¶ ¶ Cet événement, de nombreux Parisiens s'en emparent à leur manière : ils passent l'ultime nuit aux Halles au son de fanfares bruyantes et à la lumière de bougies allumées sur des gâteaux. Or cette fête-là semble bien incongrue face à la tristesse de ceux qui partent. À la télévision, un gros bras, blouson et col de chemise ouverts sur son marcel, casquette vissée sur la tête, lâche son émotion et son agacement : « Il y a tout de même un côté poignant pour nous qui voyons disparaître ces halles dans une sorte d'allégresse. On aurait préféré être seuls et voir s'éteindre notre quartier tout doucement, gentiment, en faisant une petite fête entre amis. » Le préfet de Paris, Marcel Diebolt, admet volontiers qu'il y a « toujours un instant de mélancolie lorsque l'on voit le passé s'effacer », formule toute administrative pour ne pas avouer que, cette nuit-là, les rideaux des échoppes se baissent définitivement sur dix siècles d'histoire du plus grand marché de France : Louis VI fit édifier en 1137 le premier bâtiment au croisement des voies Saint-Denis et Saint-Honoré. En conclusion de ce reportage sur la première chaîne de l'ORTF, le jeune Jean-Claude Narcy s'inquiète auprès du patron du restaurant Au Pied de cochon pour savoir si on viendra « toujours manger la soupe à l'oignon » ?

Bol gratiné, fumant, odorant, qui brûle les lèvres si on a le malheur de les y tremper trop vite

¶ ¶ ¶ Car le bol gratiné, fumant, odorant, qui brûle les lèvres si on a le malheur de les y tremper trop vite, demeure indissociable des marchés de gros, à l'activité nocturne. Remontons un instant le fil de la distribution alimentaire, avant les hypermarchés. Afin de proposer des produits frais dans leurs rayons dès le matin, les petits épiciers de quartier devaient les récupérer au point du jour auprès des grossistes. Les arrivages aux Halles avaient donc lieu durant la nuit, transformant la place en une ruche bourdonnante où chacun s'affairait, transportait, déballait, préparait, dans une ambiance joyeuse et sans jamais faiblir. Et si un coup de mou survenait, il suffisait de s'arrêter cinq minutes au comptoir du coin et d'avaler un plat qui tînt au corps (pour redonner de l'élan) sans alourdir trop (il restait toujours du travail à abattre).

¶ ¶ ¶ Une soupe, par exemple, à la mode Zola dans *Le Ventre de Paris* : « Au coin du trottoir, un large rond de consommateurs s'était formé autour d'une marchande de soupe aux choux. Le sceau de fer-blanc étamé, plein de bouillon, fumait sur le petit réchaud bas, dont les trous jetaient une lueur pâle de braise. La femme, armée d'une cuiller à pot, prenant de minces tranches de pain au fond d'une corbeille garnie d'un linge, trempait la soupe dans des tasses jaunes. » Le pain était déjà là ; et si au lieu de choux on préférait des oignons rissolés, du bouillon de bœuf agrémenté d'une touche de muscadet, et du bon emmenthal savoyard ou suisse, voilà la fameuse soupe à l'oignon. Servie entre minuit et cinq heures, elle nourrissait les « forts », ces manutentionnaires aux chapeaux plats qui passaient des nuits entières à manipuler les paquets. Elle attirait aussi les noctambules à la sortie d'une fête tardive et un peu trop arrosée (on lui prêtait la réputation de prévenir les effets de la « gueule de bois »), ou les jeunes amoureux en goguette à la recherche d'un instant inédit.

¶ ¶ ¶ Le *Larousse gastronomique* accorde aux Lyonnais la paternité de la recette originale, et attribue aux Parisiens la gratinée, dont la texture empêche le croûton de couler au fond du bol. Facile à confectionner et peu onéreuse, elle constituait souvent le souper des gens modestes, ou pour le moins de foyers ordinaires. Ainsi chez *Madame Bovary*, sous la plume de Flaubert, au retour du bal au château du marquis d'Andervilliers qui tourna la tête à Emma : « Il y avait pour dîner de la soupe à l'oignon, avec un morceau de veau à l'oseille. Charles, assis devant Emma, dit en se frottant les mains d'un air heureux : – Cela fait plaisir de se retrouver chez soi ! » Dans l'histoire, ce mets remonte loin, au moins jusqu'aux Romains. Une des premières traces écrites de son existence apparaît au Moyen Âge dans *Le Mesnagier de Paris* avec une version dans les « potages communs » : « l'uille en quoy les oignons sont fris, et iceulx oignons l'en met dedans avec chappeleures de pain, gingembre, clo et graines broiés ; et deffait de vinaigre et vin, et y met-l'en un petit de saffren, puis dressiez souppes en l'escuelle. »

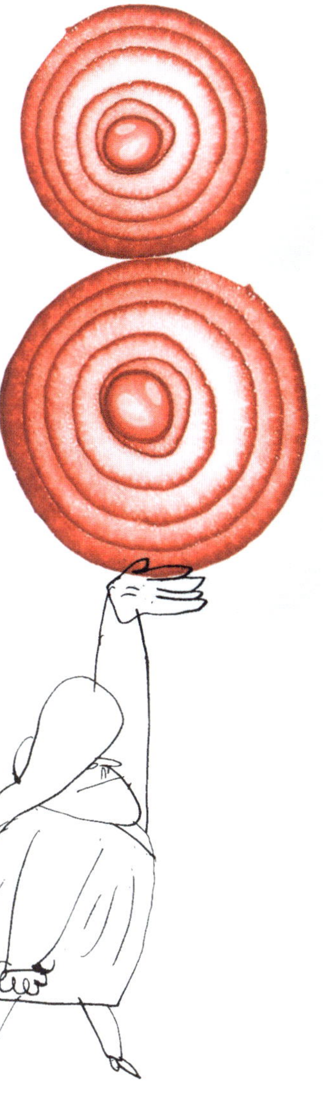

Louis XV, ne trouvant sur place que du beurre, des oignons et du champagne, cuisina les trois ingrédients ensemble

¶¶¶ Une légende veut que Louis XV, seul dans sa loge de chasse et pris d'une faim soudaine, ne trouvant sur place que du beurre, des oignons et du champagne, cuisina les trois ingrédients ensemble. Sans doute convient-il de rapprocher cette légende de l'inventeur de la conservation des aliments dans des bouteilles hermétiques, Nicolas Appert. En 1810, ce dernier rapporte dans son *Livre de tous les ménages* la recette de la « soupe à l'ognon à la Stanislas », des oignons qu'on « laisse sur le feu jusqu'à ce qu'ils soient devenus d'un beau blond un peu foncé, teinte qu'on parvient à leur donner bien égale qu'en les remuant presque continuellement ; on y ajoute ensuite les croûtes, en remuant toujours, jusqu'à ce que l'ognon brunisse. » Appert avait vu faire ces gestes précis alors qu'il était apprenti à l'hôtel de la Pomme d'or dans sa ville de Châlons-sur-Marne (aujourd'hui Châlons-en-Champagne), dans des circonstances particulières qui ont donné le titre à la recette. Alexandre Dumas raconte l'anecdote dans le *Grand Dictionnaire de cuisine* : « Dans un de ses voyages de Lunéville à Versailles, où il allait visiter la reine sa fille, l'ex-roi de Pologne, Stanislas, s'arrêta dans une auberge de Châlons où on lui servit une soupe à l'oignon si délicate et si soignée qu'il ne voulut pas continuer sa route sans en préparer une semblable. » Or Stanislas Leszczyński, duc de Lorraine (à qui Nancy doit la place Stanislas), était le beau-père de Louis XV.

¶ ¶ ¶ Bien sûr l'oignon est l'acteur principal de cette soupe dont il assure le succès. À la fois légume et condiment, il était apprécié des Grecs, des Égyptiens, des Romains et plus récemment des Siciliens, à en croire le chroniqueur voyageur du Xe siècle Ibn Hawkal (*Description de Palerme*) qui dénonce « leur habitude de manger excessivement de cet oignon tout cru ; car entre eux il n'y a personne, à quelque classe qu'il appartienne, qui n'en mange tous les jours dans sa maison matin et soir. Voilà ce qui a corrompu leurs intelligences, altéré leurs cerveaux, abruti leurs sens, changé leurs facultés, rétréci leurs esprits, gâté le teint de leurs visages. » Certains Français n'étaient pas en reste, ainsi qu'en témoigne à la fin du XIXe siècle Joseph Favre dans son *Dictionnaire universel de cuisine pratique* : « À l'instar des Égyptiens, les Lyonnais en mettent dans tous leurs mets. » Aujourd'hui, une cinquantaine de variétés sont cultivées en France, dont deux en appellation d'origine contrôlée (AOC), dans les Cévennes et à Roscoff.

¶ ¶ ¶ Il est de bon ton d'achever une nuit de noces par une soupe à l'oignon dans la chambre des jeunes mariés. On peut encore la déguster jusqu'à pas d'heure Au Chien qui fume, vénérable établissement près des Halles à Paris (ouvert en 1740), ou dans les meilleurs bouchons lyonnais. Bref, plus besoin d'être membre de la Société du « dîner de la soupe à l'oignon » – dont on apprend, à lire *Les sociétés badines, bachiques, littéraires et chantantes* d'Arthur Dinaux et Gustave Brunet, que sous la Restauration ses membres « étaient vingt. La réunion avait lieu tous les trois mois. Le début du dîner était nécessairement une soupe à l'oignon » – pour savourer ce plat qui se consomme, on l'aura compris, en soirée, et plutôt… tard !

Achever une nuit de noces par une soupe à l'oignon dans la chambre des jeunes mariés

« La seule et unique fois où je suis allé aux Halles de Paris, celles de Baltard, avant leur fermeture, mon oncle m'avait amené au marché aux fleurs, et à cinq heures du matin il m'a fait partager sa soupe à l'oignon. J'avais quatre ou cinq ans, je n'ai plus d'image précise, mais j'en garde en mémoire l'odeur. Autour du bon jus de bœuf, des oignons caramélisés, des croûtons légèrement toastés et du fromage fondu peuvent se retrouver toutes les extractions sociales, autrement dit, c'est un vrai plat populaire. » *TM*

SOUPE À L'OIGNON

Ingrédients pour 8 personnes :

- 600 g d'oignons
- 150 g de beurre
- 2 cuillerées à soupe de farine
- 1 bouquet garni
- 4 cuillerées à soupe de madère
- 2 l de bouillon de bœuf (on peut utiliser un cube avec de l'eau)
- 200 g de baguette rassise
- 250 g de gruyère râpé
- 4 jaunes d'œufs

Préparation :

¶ Éplucher les oignons, les couper en deux, et les ciseler en fines rouelles ; les faire revenir au beurre dans une marmite jusqu'à coloration (on peut ajouter une pincée de sucre pour aider à la caramélisation). Ajouter la farine, mélanger et laisser cuire comme un roux. Ajouter le bouquet garni, déglacer avec le madère, mouiller avec le bouillon chaud, et laisser cuire à feu moyen 15 minutes.

¶ Une astuce : porter à ébullition et finir de cuire au four à 180 °C pendant 20 minutes.

¶ Pendant ce temps, couper la baguette de la veille en tranches. Passer ces croûtons dans une poêle beurrée pour les dorer, les déposer sur une grille, et les saupoudrer avec le fromage râpé. Servir la soupe dans des bols, et y déposer les croûtons au fromage.

STAUB
STAUB

JULES GOUFFÉ, L'HOMME QUI A RÉVOLUTIONNÉ LA BLANQUETTE DE VEAU

Le goût pour l'équitation et les courses hippiques, en France, remonte au règne de Charles X. Ce dernier, grâce à sa loi dite « du milliard aux émigrés », accéléra le retour – déjà entamé, mais de manière timorée, sous le règne de son frère Louis XVIII – de milliers d'aristocrates, royalistes, nobles et autres prélats, expatriés après la Révolution. Ils ne retrouvaient pas toujours leurs biens, mais pouvaient se partager les centaines de millions de francs que le nouveau monarque leur accordait, au grand dam de l'opposition et en dépit de l'indignation populaire. Parmi eux, les exilés outre-Manche rapportèrent dans leurs malles une anglomanie galopante comme ces chevaux dont les compétitions étaient en vogue de l'autre côté du Channel depuis déjà un demi-siècle.

¶ ¶ ¶ Ainsi naquit, en 1833, la Société d'encouragement pour l'amélioration des races de chevaux en France. Ses membres, tous issus de l'Ancien Régime, de la noblesse d'Empire ou de la haute bourgeoisie, se réunissaient dans un « club », ainsi qu'il était de tradition à Londres. Le Jockey Club (le nom du lieu fut attribué plus tard à la Société) devint l'un des centres de la vie mondaine, politique et sociale de l'époque. Trois ans plus tard naquit le prix éponyme (pour concurrencer le Derby d'Epsom en Angleterre), qui s'éloigna de Paris parce que « des cavaliers qui chassaient à courre dans la forêt de Chantilly ont apprécié le terrain très souple du gazon, alors que le Champ-de-Mars était pierreux, épouvantable », commentait l'écrivain Guy Thibault sur France 3 Picardie, en 2009. L'épreuve s'y dispute encore.

☛ ¶ ¶ ¶ L'illustre Société, qui négocia quelques années plus tard la concession d'un espace au bois de Boulogne pour y bâtir l'hippodrome de Longchamp, connut un engouement tel, qu'elle dut déménager à plusieurs reprises. En 1863, elle s'installa dans les somptueux salons du tout nouvel hôtel Scribe, au numéro « un » d'une rue percée par le baron Haussmann pour créer le quartier du futur opéra, le Palais Garnier. C'est là qu'un jeune retraité de la restauration accepta, quatre ans plus tard, de reprendre du fourneau. Jules Gouffé avait tout juste soixante ans, une longue carrière derrière lui, le même enthousiasme qu'à l'époque de son apprentissage chez Carême, et des idées plein la tête pour améliorer sans cesse les plats les plus anciens. Ainsi allait-il offrir à la blanquette de veau – par une simple mais géniale transformation qu'il mit au point dans les cuisines du Jockey Club – un destin national.

À l'origine, la blanquette était un mets du dimanche

¶ ¶ ¶ À l'origine, la blanquette était un mets du dimanche, dans les villages, quand on avait un morceau de viande qui permettait de sortir de l'ordinaire des potages rallongés de pain et accompagnés de vin aigre. Est-elle née en Normandie où la crème lui donne de l'onctuosité, en Champagne où on y ajoute du lard et des tomates, dans le Lyonnais où la poitrine est préférée au tendron, en Bretagne où un demi-jus de citron lui apporte une pointe inédite ? Sans doute dans toutes ces régions à la fois, et ailleurs.

¶ ¶ ¶ Car elle appartient, depuis le Moyen Âge, à cette lignée des préparations mitonnées des heures durant que sont les ragoûts, pot-au-feu, bœuf en sauce, gigot de sept heures, baeckeoffe, etc. L'historien Anthony Rowley le soulignait, en 2002 sur France 2, dans *C'est au programme* : « Vous avez ici l'importance du mijoté. Pourquoi ? Parce que quand l'homme part aux champs ou à l'atelier pour travailler, quand la maîtresse de maison va s'occuper de ses poulets, de sa lessive ou de ses enfants, il faut que ça cuise. » Le plat est déposé le matin auprès du boulanger, seul à posséder un fournil, et récupéré le soir au retour des activités ; autre atout majeur, il peut être prolongé d'un jour ou deux, quitte à être mangé froid (aujourd'hui, c'est par goût que certains préfèrent la blanquette réchauffée). Côté service, dans les campagnes chacun possédait son couteau, versait le ragoût dans une miche de pain éventrée à la croûte un peu rassise, coupait et mangeait avec ses doigts. Pas de fourchette non plus avant le XVe siècle chez certains seigneurs (notamment du sud de la France) et le XVIe siècle à la cour du roi.

¶ ¶ ¶ Avec l'avènement de la cuisine bourgeoise au début du VXIIIe siècle, la blanquette passa des pratiques populaires aux maisons nobles, et entra dans les livres de recettes. Elle apparut pour la première fois avec Vincent La Chapelle, en 1735, dans *Le Cuisinier moderne* : « Prenez un gros bout de longe de veau rôti, froid, et le coupez par petites tranches ; mettez un morceau de beurre dans une casserole sur le fourneau : étant fondu, mettez-y une pincée de farine, et faites cuire un moment ». Graisse plus fécule chauffées, et voilà un roux ! Que l'on retrouvait, au demeurant, sous la plume de Jules Gouffé « avec 30 g de beurre et 40 g de farine » à tourner vigoureusement quatre minutes sur le feu.

¶ ¶ ¶ La véritable trouvaille du chef du Jockey Club apparut dès les premières lignes consacrées à la préparation, dans *Le Livre de cuisine* qu'il publia en 1867 : « Coupez 1 kilo 500 de poitrine en morceaux de 6 centimètres carrés, que vous mettez dans une casserole d'une contenance de 5 litres ; couvrez d'eau pour que les morceaux de viande baignent entièrement ; [...] faites cuire 1 heure à très petit bouillon. » Gouffé pochait le veau ! Ce dernier, du coup, demeurait parfaitement blanc, et il acquérait un moelleux que ne possédaient pas les résidus froids utilisés jusque-là. Le cuisinier glissait « 200 grammes d'oignon, 2 clous de girofle et un bouquet double » dans sa casserole ; le bouillon résultait alors directement de la cuisson de la viande. Suprême inspiration, il utilisait les jaunes d'œufs pour une liaison d'une onctuosité idéale.

¶ ¶ ¶ Le *Manuel du cuisinier militaire* confirmait, au début du siècle suivant, que « les blanquettes [...] sont des mets qui se commencent comme des viandes pochées et qui se terminent comme des viandes en sauce ». Grâce à cette formule modernisée, le plat parvint après la Première Guerre mondiale à élargir de nouveau son assiette en conquérant toutes les couches de la population (Paul Bouillard, par exemple, livrait sa « Blanquette de veau Ménagère » dans *La Gourmandise à bon marché* en 1925). En quelques décennies, il avait surtout glissé des entrées – où les restes de rôti étaient juste accompagnés d'oignons grelots et de champignons de Paris – vers le milieu du repas en étoffant sa garniture de carottes et de riz blanc.

¶ ¶ ¶ Devenue une institution, un repère dans la tradition, le pilier d'une gastronomie de terroir servie sur nappe, la blanquette entra aussi en littérature. *L'Assommoir*, d'Émile Zola, contient des pages délicieuses à l'occasion de la fête de Gervaise : « Ah ! tonnerre ! quel trou dans la blanquette ! Si l'on ne parlait guère, on mastiquait ferme. Le saladier se creusait, une cuiller plantée dans la sauce épaisse, une bonne sauce jaune qui tremblait comme une gelée. Là-dedans, on pêchait les morceaux de veau ; et il y en avait toujours, le saladier voyageait de main en main, les visages se penchaient et cherchaient des champignons. » Quant au commissaire Maigret, que Georges Simenon avait rendu addict, il préférait celle de sa femme, bien sûr, mais acceptait celle de la brasserie Dauphine où « On apportait une blanquette de veau que Mme Maigret n'aurait pas faite plus crémeuse » (*Un échec de Maigret*), parce qu'elle y était « onctueuse à point, la sauce d'un jaune doré, très parfumée » (*Maigret et le Marchand de vin*).

Les blanquettes sont des mets qui se commencent comme des viandes pochées et qui se terminent comme des viandes en sauce

¶ ¶ ¶ À son tour la télévision nourrit ses émissions culinaires de ce mets, dont les couleurs chatoyantes se laissaient deviner sur les écrans pourtant en noir et blanc – en 1957 dans *La Femme chez elle*, sur la première chaîne de l'ORTF – lorsque Léon Zitrone l'assaisonnait du lyrisme de son commentaire : « On reconnaît un roux réussi à ce qu'il est devenu blanc, et vous le versez alors dans la cocotte, ce qui laisse dans la poêle ces sortes de grosses virgules qui sont comme les ponctuations de votre gourmandise. » Vingt ans plus tard, en 1980 sur Antenne 2 dans *La Vérité est au fond de la marmite*, Michel Oliver prenait le relais, aux côtés du jeune Christian Morin : « Nous restons dans les plats d'hiver, et il y a pour moi un très grand plat, que vous savez toutes faire, Mesdames, mais on vous le rappelle, de temps en temps, on vous le remet en mémoire ! »

¶ ¶ ¶ De fait, la blanquette de veau n'est pas compliquée à réaliser, mais très facile à rater. L'une des nouvelles des *Histoires de bouches*, de Noëlle Châtelet, raconte même comment une grand-mère se suicide après un loupé de la sorte. Le choix du produit importe avant tout, comme le soulignait en lapalissade Jean-Louis Flandrin dans son livre *La Blanquette de veau, histoire d'un plat bourgeois* : « Faute d'une bonne viande, le plus grand artiste dépenserait en vain sa science et son habileté. Aucun trempage, aucun procédé de cuisson ne pourront faire, si la viande est rouge à l'état cru, qu'elle n'ait ensuite une teinte grisâtre et ne soit filandreuse et sans saveur. » Ensuite tout est question de talent dans le tour de main, mais cela s'apprend. Qu'on soit riche ou pauvre. Car après tout, ce plat, présent à la carte des meilleurs restaurants comme sur les tables familiales, n'a-t-il pas des racines à la fois plébéiennes et aristocratiques ?

Si le *Larousse* confirme que la blanquette est un « ragoût de viande blanche cuite dans un fond blanc » – ce qui autorise l'option volaille ou agneau de lait –, il ajoute que cela peut être « le produit de la dernière partie de la distillation à l'alambic », d'une couleur argentée. À boire aussi, celle de Limoux (notamment) ; il s'agit alors d'un vin mousseux produit à partir d'une variété de raisin blanc qui porte ce nom. Tout comme un fruit, à en croire Zola : « Puis, les variétés des poires, la blanquette, l'angleterre, les beurrés, les messire-jean, les duchesses » (*Le Ventre de Paris*). Enfin en vieil argot, le mot signifierait « argenterie », comme le rappelle Vidocq dans ses *Mémoires* : « Elle ne fourgue que de la blanquette, des bogues et des broquilles[1]. »

1 Argenterie, montres et bijoux.

« La blanquette de veau est une tradition de la cuisine française. Les jeunes commis qui passaient leur CAP devaient savoir la confectionner à l'ancienne. Ce qui est formidable, c'est qu'elle a migré de l'univers de la haute gastronomie, avec le coup de génie de Jules Gouffé, vers celui du foyer familial, et par ricochet au monde des restaurants. C'est le plat populaire au bon sens du terme. » *TM*

BLANQUETTE DE VEAU

Ingrédients pour 4 personnes :

- 1 kg d'épaule de veau désossée
- 2 carottes
- 2 poireaux
- 2 branches de céleri
- 5 branches de thym
- 1 feuille de laurier
- 2 gousses d'ail
- 1 oignon
- quelques branches de persil
- 1 clou de girofle
- 10 g de gros sel
- 25 cl de crème fraîche épaisse
- 5 jaunes d'œufs
- 1 noix de muscade
- 250 g de champignons blancs de Paris nettoyés et coupés en quartiers
- sel et poivre

Préparation :

¶ Demander à votre boucher de détailler l'épaule de veau en morceaux de 60 g.

¶ Éplucher les légumes.

¶ Déposer la viande dans une casserole et la recouvrir d'eau froide. Porter à ébullition, égoutter et couvrir de nouveau avec de l'eau froide. Ajouter les légumes coupés en morceaux (carottes, poireaux, céleri), et le bouquet (thym, laurier), ainsi que l'ail, l'oignon, le persil et le clou de girofle ; saler, poivrer. Porter à ébullition, écumer, et laisser frémir à couvert pendant une 1 h 30 à 1 h 50. Réserver le jus de cuisson. Mélangez la crème fraîche, les jaunes d'œuf, un peu de noix de muscade râpée et le jus de cuisson filtré. Verser cette sauce sur la viande, ajouter les champignons de Paris et assaisonner. Faire cuire ce plat à 82° C, à la nappe, comme une crème anglaise (pour éviter toute ébullition) et servir.

de BUYER
FRANCE
de BUYER

QUAND LA POIRE FUT TOUCHÉE PAR LA FOLIE OFFENBACH ET SA *BELLE HÉLÈNE*

À l'origine, un conflit légendaire dans la mythologie grecque : la guerre de Troie. Hélène, l'épouse de Ménélas roi de Sparte, est enlevée par le berger Pâris, en réalité prince troyen. Les Grecs se liguent pour aller la récupérer, ils assiègent la ville plusieurs années durant, mais seule la célèbre ruse du cheval de bois – racontée par Homère dans *L'Odyssée* : « traquenard qu'Ulysse conduisit à l'acropole, surchargé de soldats qui allaient piller Troie. » – leur permet de l'emporter.

¶ ¶ ¶ L'épisode, au long des siècles, stimula les créateurs de tout poil inspirés par l'opposition entre passion amoureuse et puissance politique, et par la figure d'Hélène, première femme à tenir un tel rôle sur le devant de la scène. Au théâtre, après les tragédiens grecs, Racine se laissa fasciner par le thème des héros, et Giraudoux, dans les années 30, en prit le contrechamp pour soutenir un ardent pacifisme. En peinture, des Italiens donnèrent corps au subterfuge, comme la *Procession du cheval dans Troie* de Tiepolo exposée à la National Gallery de Londres. La sculpture, le cinéma, la céramique s'emparèrent du sujet ; jusqu'à la musique, avec l'opérette qui porta à l'apogée de leur gloire le compositeur Jacques Offenbach, la cantatrice Hortense Schneider et les deux librettistes Henri Meilhac et Ludovic Halevy.

¶ ¶ ¶ *La Belle Hélène* fut créée à Paris au théâtre des Variétés le 17 décembre 1864. Cet opéra-bouffe brandissait des costumes extravagants, une musique joyeuse, des rythmes endiablés, des paroles légères. Diable, nous étions au mitan du Second Empire, en pleine période de croissance ; le chemin de fer tissait sa toile, les grands magasins prospéraient, le baron Haussmann dessinait son Paris, la littérature avait nom Flaubert, Mérimée, Goncourt, Sand, Sainte-Beuve, le Palais Garnier sortait de terre, et tout cela devenait sujet d'une photographie en plein essor. Or, la parodie de Meilhac et Halevy – désopilant récit du rapt de l'épouse par le berger amoureux, au nez et à la barbe du puissant souverain – signait en filigrane une décapante critique de la haute société impériale dans son absence de moralité et son goût effréné pour les plaisirs ; la charade du premier acte se moquait des jeux de société de la Cour, le bord de mer final évoquait les lieux de villégiature préférés de Napoléon III. Le génie musical d'Offenbach et la voix unique d'Hortense Schneider firent le reste.

¶ ¶ ¶ Très vite, cette *Belle Hélène* circula dans les milieux huppés, intrigua les couches plus populaires, se retrouva au cœur des discussions de café, alimenta les gazettes, fut fredonnée en province ; le nom revenait sans cesse, partout, sur toutes les lèvres, il était accommodé à toutes les sauces, surtout, bien sûr, en cuisine ! Les restaurants rivalisaient d'imagination pour suivre la mode, baptisant « Belle-Hélène » des entrecôtes, des filets de sole, des ragoûts, des garnitures et bien d'autres choses ; peu de ces plats, toutefois, passèrent à la postérité. Peut-être les œufs, pochés ou mollets, « dressés sur un appareil de croquettes de volaille pané à l'anglaise,

Les restaurants rivalisaient d'imagination pour suivre la mode

sauté au beurre, nappé de beurre Colbert, garni de pointes d'asperges puis entourés d'un cordon de velouté », tels que les décrit Claudine Brécourt-Villars dans *Mots de Table, Mots de Bouche* ? Et, évidemment, la poire Belle-Hélène.

¶ ¶ ¶ Le dessert est attribué à Auguste Escoffier, bien qu'il fût encore un jeune apprenti à peine monté à Paris, où il avait été embauché au Petit Moulin Rouge, un cabaret mondain proche des Champs-Élysées. Hortense Schneider y venait-elle souper après les représentations ? Le premier théâtre acheté par Offenbach, les Bouffes-Parisiens, où il la révéla au public en 1855, se trouvait bien à quelques pas. Escoffier, sensible à la beauté féminine ainsi qu'aux personnalités en vue, voulut-il rendre hommage à celle que les plus grands convoitaient ? La loge de la cantatrice était surnommée le « passage des princes », sobriquet parfois attribué à la dame elle-même au regard de ses aventures amoureuses au sommet de l'État. La glace fut-elle créée dès les premières soirées de la comédie musicale, ou plutôt vers la fin, après cinq cents représentations ? Une telle durée pour un spectacle représentait un triomphe sans précédent à l'époque.

¶ ¶ ¶ Cette poire, pochée au sirop, accompagnée de glace vanillée, se laissait enrober d'un chocolat chaud coulant en cascade depuis le faîte du fruit jusqu'à la base de la coupelle, comme en résonnance avec l'un des plus fameux passages de *La Belle Hélène* : « Dis-moi, Vénus, quel plaisir trouves-tu / À faire ainsi cascader, cascader la vertu ! » La tendance était alors aux entremets glacés, mélange de chaud et froid. Prouesse technique, au demeurant, car une fois la crème anglaise à la vanille réussie, et refroidie, de jeunes commis avaient pour mission de la « turbiner » dans une machine inventée par un Américain une vingtaine d'années auparavant, l'ancêtre de la sorbetière. La crème, déposée dans un pot entouré de sel et de glace à l'intérieur d'un seau en bois, était fouettée par des spatules actionnées au moyen d'une manivelle verticale, un peu comme un gros moulin à poivre. Cette manutention s'avérait, d'après le conteur Nicolas-Guy Courbières dans l'émission *Vent Sud* sur France 3 Montpellier en 1995, un « travail très pénible, qui durait plusieurs heures [...] en été quasiment en permanence ».

☛ ¶¶¶ Il faut dire qu'en cette deuxième moitié du XIXe siècle, les sciences s'enflammaient : les mathématiques étaient bousculées selon de nouvelles géométries, la chimie prenait son envol avec le classement des éléments par Mendeleïev, médecine et biologie se développaient, Charles Darwin publiait *L'Origine des espèces*, la révolution industrielle bouleversait une société à dominante agricole et artisanale. La cuisine, sous l'impulsion de quelques chefs progressistes, embraye à son tour dans ce mouvement historique. Jules Gouffé est de ceux-là. Parisien, fils d'un pâtissier renommé dont il suit le sillon, il est remarqué par Carême, en devient un fervent disciple, avant d'ouvrir sa propre maison et d'employer une trentaine d'ouvriers. « Je n'ai pas rédigé une seule de mes indications élémentaires sans avoir constamment l'horloge sous les yeux et la balance à la main », écrit-il dans *Le Livre de cuisine*. Joseph Favre, qui partage sa carrière entre Paris et Berlin, va plus loin dans son *Dictionnaire universel de cuisine* en expliquant que « de toutes les sciences, celle qui s'attache à l'art de bien préparer les aliments est, malgré son incontestable utilité, la moins comprise de nos jours » ; il enfonce le clou : « ne l'oublions pas, c'est vers la cuisine scientifique et hygiénique, qui est la loi du progrès, que le cuisinier et la société trouveront leur salut. »

¶¶¶ Si les mentalités évoluent, les technologies également. La fonte remplace la brique dans les fourneaux, les modes de cuisson s'améliorent, la technique du braisage apparaît, celle du poêlé se profile. On frôle l'alchimie, à la recherche de l'osmazone, que Carême qualifie de « partie la plus savoureuse de la viande » (il s'agit en réalité des peptones, corps protéinés solubles obtenus par une longue cuisson). L'aventure du froid commence, Charles Teillier fabrique la première machine frigorifique (ancêtre du réfrigérateur à l'orée du siècle suivant). Dans la foulée de Nicolas Appert, découvreur cinquante ans plus tôt de la conservation par chauffage dans des bouteilles en verre, Pasteur travaille sur la stérilisation.

¶¶¶ Bref, le progrès fait un énorme bond en avant, mais les produits demeurent les mêmes. La poire, par exemple, appréciée depuis la nuit des temps au Cachemire, en Chine, au Moyen-Orient et dans bien d'autres régions du monde. Fruit délicat et noble, elle se conserve aisément, demeure goûteuse même lorsqu'elle est vieillie, d'où le dicton populaire qui conseille de toujours « garder une poire pour la soif ». Pline l'Ancien en vantait les mérites « Toutes les poires cuites avec du miel sont bonnes à l'estomac » dans son *Histoire naturelle* ; Louis XIV en reçut, lors d'un passage à Reims « Sire, nous apportons à votre Majesté notre vin, nos poires et notre cœur » des mains de la municipalité. Elle a traversé les siècles, en salé pour accompagner gibiers ou fromage, en sucré sous forme de tarte, compote et autre flan.

¶ ¶ ¶ Ses recettes les plus célèbres sont la Bourdaloue – le nom provient non pas du prédicateur jésuite du XVIIe siècle mais de la rue en son honneur à Paris, où se trouve le pâtissier qui imagina la tarte garnie de crème d'amande – et bien sûr la Belle-Hélène. Michel Guérard présentait cette dernière dans *La Cuisine légère* sur TF1 en 1981, aux côtés d'Anne-Marie Peysson : « C'est un grand classique des entremets de cuisine, ces desserts chaud et froid, puisque la sauce chocolat est chaude mais l'ensemble est froid. » Anthony Burgess, homme de lettres anglais et fine gueule, devait l'apprécier pour la glisser dans son roman *Un agent qui vous veut du bien* : « La mine maussade, ils attaquèrent les desserts. Mousse aux pêches, sirop de framboise. Poires Belle-Hélène au sabayon. »

¶ ¶ ¶ Enfin, la silhouette de ce fruit, proche d'un visage un peu rondouillard, ramène à la parodie, comme chez Offenbach. En 1831, un portrait de Louis-Philippe en forme de poire, dessiné par Honoré Daumier (d'après une ébauche de Charles Philippon pour son journal satirique) fut reproduit sur tous les murs de Paris par le peuple mécontent. Esquisse reprise en août 2012, à la une de *Courrier International*, dans un pastiche inédit de François Hollande qui, bonne poire, semblait tout de même en sourire !

Le progrès fait un énorme bond en avant, mais les produits demeurent les mêmes

« Peu avant de nous quitter, ma grand-mère me tend une photo et me dit : “Saurais-tu faire ça ?” On voyait quelqu’un napper une poire de chocolat. Je venais d’entrer en apprentissage, et je lui réponds : “Oui, c’est une poire Belle-Hélène !” J’ai alors fouillé dans tous mes livres de cuisine pour trouver la recette et la lui confectionner. C’est donc, pour moi, un plat de grande émotion. » *TM*

POIRES BELLE-HÉLÈNE

Ingrédients pour 6 personnes :

- 1 l d’eau
- 400 g de sucre
- 1 gousse de vanille
- 6 poires
- 200 g de chocolat noir
- 150 g d’amandes effilées
- de la glace à la vanille

Préparation :

¶ Dans une casserole, porter l’eau à ébullition en y mélangeant le sucre et la gousse de vanille coupée en deux.

¶ Éplucher les poires et les pocher dans ce sirop frémissant durant une dizaine de minutes. Laisser refroidir et égoutter les fruits.

¶ Dans une autre casserole, au bain-marie, faire fondre le chocolat coupé en morceaux avec un peu d’eau.

¶ Faire dorer les amandes dans une poêle à feu moyen en remuant.

¶ Dans une assiette ou une coupelle, déposer une boule de glace à la vanille, une poire pochée, napper de chocolat chaud et saupoudrer d’amandes.

LE COUSCOUS DÉBARQUE DANS LES VALISES DES PIEDS-NOIRS

« Soudain, après douze jours de discussion serrée, la salle des délibérations se retrouve silencieuse et vide. Pendant que les hélicoptères remportent au-dessus du lac la délégation algérienne, les ministres français quittent l'hôtel. » Dans son bulletin parlé sur la radio française, en ce 18 mars 1962, le présentateur utilise un ton à la fois grave et porteur d'espoir. Car un accord vient d'être trouvé à Évian, dans cet Hôtel du Parc où les deux parties négocient le processus qui va conduire à l'indépendance de l'Algérie. Dans la nuit, des affichettes bleues apposées sur les murs annoncent la paix, le cessez-le-feu est prévu pour le lendemain midi.

¶ ¶ ¶ Suite logique du référendum par lequel les Français avaient, un an plut tôt, reconnu aux Algériens le droit de choisir leur destinée, ce dénouement marque la fin – ou presque puisque des exactions seront encore commises des deux côtés de la Méditerranée pendant quelques années – d'une page tragique entre les deux peuples. Il aura aussi une conséquence plus heureuse, que les négociateurs n'avaient sûrement pas envisagée durant leurs pourparlers, et qui prouve que la cuisine reste le meilleur vecteur des relations humaines : l'essor du couscous en France.

¶ ¶ ¶ Ce plat ensoleillé à l'odeur si particulière, qui porte dans son nom – sans doute d'origine berbère – toute l'Afrique du Nord, débarque dans les valises des pieds-noirs. Pas tout de suite. Pas durant les premiers mois, alors que les bateaux déversent leurs flots de familles aux regards perdus et aux lendemains désespérés. Car l'exode massif, brutal, va déraciner plus d'un million de personnes dans la douleur d'une séparation d'autant plus tragique qu'elle est immédiate, sans préparation aucune. Douleur chantée par la voix profonde d'Enrico Macias : « J'ai quitté mon pays / J'ai quitté ma maison / Ma vie ma triste vie / Se traîne sans raison ».

Mais peu à peu, afin de réinventer ici leur existence perdue là-bas, ces anciens du Maghreb cherchent le goût de leurs années perdues. Ils se retrouvent autour d'une table commune pour partager la cuisine – plus largement la culture – du soleil qu'ils appréciaient tant. Dans les assiettes, on trouve des poivrons marinés, des dattes, des figues, des œufs brouillés, des bricks au thon ou à l'œuf, la tchoutchouka. Et bien sûr le couscous, parfumé aux épices qui en font son charme.

Les premières traces de ce plat majeur pour les peuplades nord-africaines remonteraient – sous la forme de pots primitifs découverts dans des tombes – à deux siècles avant notre ère, à l'époque du roi berbère Massinissa, dans le nord de l'actuelle Algérie. Le blé concassé, soit par une pierre ronde tournant sur une auge, soit par un pilonnage manuel, donne une fine semoule. Celle-ci est aérée, assouplie par les femmes qui y plongent leurs mains avec bonheur, puis cuite à la vapeur et servie accompagnée d'un ragoût de légumes. Au choix ce sont courgettes, carottes, courges rouges, navets, cardes, pois chiches, oignons et raisins secs que l'on aura fait mijoter à feu doux.

Le couscous fumant se déguste alors nature, ou garni d'une viande unique dont il capte délicatement les arômes. À l'origine, les mélanges poulet-agneau-bœuf sont peu fréquents et le plat n'a de royal que la majesté de sa présentation pyramidale. Quant à la merguez, saucisse d'agneau et de bœuf épicée de harissa, ce sont les Européens qui ont eu la fantaisie de la marier aux grains dorés. Enfin, pour faire glisser le tout et améliorer sa digestion, il est souvent agrémenté d'un lait de brebis caillé. De tradition, tout le monde pioche directement dans l'assiette géante posée au milieu des convives.

Les préparations sont aussi variées que les régions maghrébines. Chaque ville, chaque oasis, chaque cité possède sa recette propre. Accommodé de tripes au sud de la Tunisie, il est travaillé au délicat parfum de la fleur d'oranger à Alger. En Kabylie, on célèbre le printemps avec une version sans bouillon et des légumes cuits à la vapeur. Au Maroc, oignons confits, cannelle, raisins secs et miel offrent au *tfaya* une douceur plus onctueuse pour le palais. L'Italie, qui a toujours entretenu des liens très étroits avec ses voisins sud-méditerranéens, y autorise le poisson, par exemple le mérou en Sicile.

Ces petits grains qui fondent dans la chaleur de la bouche

¶ ¶ ¶ Si le couscous s'est largement répandu en France après 1962, ce n'était pas pour autant un mets inconnu. Déjà, chez Rabelais, Grandgousier avait servi – après seize bœufs, trois génisses, trente-deux veaux, soixante-trois chevreaux, quatre-vingt-quinze moutons, onze sangliers, et quelques milliers de pigeons, poulets et gélinottes ! – « force coscossons, et renfort de potage » au menu du souper pour célébrer le retour de son fils Gargantua. Les écrivains voyageurs l'égrenèrent au fil de récits, comme Jean-Jacques Bouchard durant la première moitié du XVIIe siècle ou Pierre Loti en 1890 dans *Au Maroc* : « Sous les toitures en sparterie, il y a des cuves de faïence, remplies d'aliments en pyramide : un couscous sucré ; un couscous salé, surmonté d'un édifice de poulets ; un mouton rôti ; ou bien une pile de ces petits gâteaux très aromatisés qu'on appelle au Maroc des "sabots de gazelle". »

¶ ¶ ¶ En 1929, Prosper Montagné notait dans *Le Grand Livre de la cuisine* que c'était « le mets national de l'Afrique du Nord ; pauvres et riches, personne ne s'en lasse ». Entre Seconde Guerre mondiale et campagne d'Algérie, Laribe d'Arval, dans son *Manuel du cuisinier militaire*, vantait les vertus d'un plat moins roboratif que certains pouvaient l'imaginer : « Même absorbé d'une façon exagérée, il vous laisse à la fin de votre repas aussi frais et dispos qu'au commencement, à tel point que vous pouvez immédiatement recommencer la course, la promenade ou l'exercice qui vous l'a fait tant apprécier » parce qu'il « possède des ferments qui en activent la digestion » !

¶ ¶ ¶ En réalité, à partir de la conquête de l'Algérie au milieu du XIXe siècle, le couscous commence à séduire en métropole. On le goûte dans certains grands restaurants. On apprécie sa texture si originale sous la langue, ces petits grains qui fondent dans la chaleur de la bouche. La littérature s'en délecte et il suffit à Jean-Paul Sartre de fermer les yeux en 1938 dans *La Nausée* pour qu'aussitôt sa tête bourdonne comme une ruche : « Je retrouvais le goût du couscous, l'odeur d'huile qui remplit, à midi, les rues de Burgos, l'odeur de fenouil qui flotte dans celles de Tetuan, les sifflements des pâtres grecs. » La chanson s'en empare, grâce au débonnaire Bob Azzam en 1961 : « J'ai une jolie femme / Dont je suis épris / Mais voilà le drame / Elle se lève la nuit / Sortant de sa chambre / À peine vêtue / Elle se frotte le ventre / Et me dit d'une voix menue / Fais-moi du couscous chéri / Fais-moi du couscous ».

¶ ¶ ¶ Même la télévision offre une place d'honneur à ce plat, réclamé par des téléspectatrices avides d'exotisme. En toute logique, Raymond Oliver le programme dans une de ses émissions *Art et Magie de la cuisine* : « Il y a très longtemps que le couscous que je vous fais aujourd'hui m'a été appris par des méharistes qui prétendaient être les seuls détenteurs de la véritable recette, comme tout le monde ! En fait, le couscous est devenu quelque chose de très populaire. » Bien qu'il ne le propose pas, à l'époque, à la carte de son restaurant trois étoiles Le Grand Véfour, Raymond Oliver ne se trompe pas en disant cela à la speakerine Catherine Langeais, sa complice durant quatorze ans sur la première chaîne de l'ORTF.

¶ ¶ ¶ Le couscous est désormais l'un des plats préférés, sinon le favori, des Français.

« Pour moi, le couscous est rattaché aux Hauts de Belleville ! Au milieu des années 60, on a vu y arriver les premiers restaurants du Maghreb, et même de Kabylie pour être précis. Mais très vite cette semoule, accompagnée de légumes mijotés et d'un morceau de poulet ou d'agneau (les merguez ont été ajoutées par la suite), est entrée au patrimoine culinaire français. Mille recettes existent ; à mes yeux le plus important est le bouillon (donc le mélange d'épices) : cela marquera votre signature. » *TM*

COUSCOUS

Ingrédients pour 6 personnes :

- 150 g de pois chiches
- 3 carottes
- 1 oignon
- 1 ail
- 1 poivron vert
- 1 courgette
- 1 navet
- 1 poireau
- 1 bâton de cannelle
- 10 g de ras-el-hanout (un mélange d'épices à choisir très frais)
- 6 cuisses de poulet
- 400 g de semoule de blé fine
- 5 cl d'huile d'argan
- 50 g de beurre doux
- ½ botte de coriandre fraîche
- éventuellement 6 merguez
- 100 g de raisins de Smyrne
- 5 g de pâte de piment (choisir un produit de qualité, même un peu plus cher)

Préparation :

- La veille, mettre à tremper les pois chiches dans de l'eau froide.
- Peler les légumes et les couper en morceaux assez grossiers (pour le poivron, le griller d'abord au four, il devient noir, l'enfermer dans une poche plastique, une fois refroidi le passer sous le robinet pour enlever la peau noire). Faire cuire le tout, avec la cannelle, à gros bouillons dans le couscoussier pendant 30 minutes (10 minutes avant la fin de la cuisson, ajouter le ras-el-hanout).
- Dorer le poulet à la poêle et l'ajouter au bouillon durant 30 minutes supplémentaires de cuisson à feu doux.
- Quant à la semoule, la mettre dès le début dans la partie supérieure du couscoussier. Dès qu'elle est compacte, donc cuite (au bout d'une petite demi-heure), la frotter dans ses mains badigeonnées à l'huile d'argan et en ajoutant des petits morceaux de beurre. L'égrener. La couvrir d'un torchon et la réserver à température ambiante.
- Égoutter les légumes, les disposer dans un plat, ajouter la coriandre fraîche, et déposer le poulet (et éventuellement les merguez grillées à la poêle) sur le dessus ; servir le bouillon à part après en avoir rectifié l'assaisonnement, ainsi que les pois chiches. Au dernier moment, ajouter les raisins à la semoule.
- Servir le couscous et disposer sur la table des ramequins de raisins, de pois chiches et de piment.

STAUB
STAUB

LA LANGOUSTE AU BEURRE BLANC, SOUVENIR DE LA GASTRONOMIE EMBARQUÉE

Sur France Inter, le 8 juillet 1974, le présentateur du journal annonce sobrement : « Le *France*, c'est fini. Cette fois, c'est décidé. Un communiqué de la Compagnie générale transatlantique explique pourquoi, avec émotion et regret, elle a dû prendre cette décision. » La date de désarmement du navire est fixée au 25 octobre suivant, à la fin de la saison, en dépit de la promesse du candidat Valéry Giscard d'Estaing, durant la campagne présidentielle du printemps, de sauver le bateau. Le déficit mensuel s'alourdit, le nouveau gouvernement dirigé par Jacques Chirac refuse de renflouer les caisses de la compagnie. L'autre CGT, celle des travailleurs, se regroupe derrière la casquette d'Henri Krasucki pour manifester. La mobilisation nationale prend de l'ampleur, des pétitions sont signées. Au retour de l'ultime traversée de l'Atlantique, le 11 septembre, les marins se mutinent, puis la marine marchande entame une grève. En vain.

☛ ¶ ¶ ¶ Le *France* finira oublié sur un quai du Havre jusqu'à son rachat, cinq ans plus tard, par un armateur norvégien. Elles sont alors bien loin, les métaphores flamboyantes du général de Gaulle, en mai 1960, lors de la mise à flots à Saint-Nazaire : « Le paquebot *France* est lancé. Il a épousé la mer. La mer tant redoutée et tant désirée des peuples. La mer qui sépare les nations et qui leur permet de se joindre. » Dans les esprits, la chanson de Michel Sardou – « J'étais la France / Qu'est-ce qu'il en reste / Un corps-mort pour des cormorans / Ne m'appelez plus jamais "France" / La France elle m'a laissé tomber » – devient l'un des plus grands tubes des années 70.

¶ ¶ ¶ Le premier « choc pétrolier » secoue le pays, le plonge dans l'angoisse. À la télévision, un présentateur explique que « soixante-dix-huit pour cent des Français pensent qu'il y a des menaces sérieuses de crise économique en 1974. » Les « dégraissages » se multiplient dans les entreprises, suivis de slogans racoleurs du style « en France on n'a pas de pétrole mais on a des idées », le nucléaire bascule du militaire vers l'énergie pour compenser la hausse des prix du brut, les Français apprennent à se serrer la ceinture, les quartiers populaires sentent qu'une mutation est entamée, le franc ondule dans le Serpent monétaire européen qu'il quitte à plusieurs reprises, bref tout peut basculer d'un jour à l'autre vers un inconnu que chacun redoute.

¶ ¶ ¶ Or, comme souvent en période de crise, pour oublier les difficultés, il suffit parfois de se payer un spectacle joyeux ou de s'offrir un bon restaurant, surtout que cela devient de plus en plus tendance de dîner à l'extérieur. Des chefs lancent une gastronomie plus légère, une « nouvelle cuisine » déjà branchée. Le *Gaut & Millau*, né un an plus tôt, différencie les toques noires (les classiques) des toques rouges (les inventifs). Ces derniers créent de véritables signatures : Jean-Marie Amat dans son Bordelais natal, Michel Guérard pour sa « cuisine minceur » à Eugénie-les-Bains, le nordiste Jacques Maximin prenant les rênes du Moulin de Mougins sur la Côte d'Azur, ou Alain Chapel tout juste auréolé de sa troisième étoile à Mionnay dans l'Ain. Ce dernier, virtuose du piano autant que mélomane averti, écrivait des partitions culinaires extraordinaires, inspirées de ses profondes connaissances artistiques et littéraires, jouant des saveurs comme nul autre. À juste titre – celui de son livre –, il proclamait que *La cuisine, c'est beaucoup plus que des recettes*. La sienne devenait intime, spirituelle, holistique. Elle sentait bon les produits frais de son terroir. Comme lui, les jeunes restaurateurs de l'époque donnent un sacré coup de vieux aux mythiques Auguste Escoffier et Prosper Montagné, à leurs ouvrages encyclopédiques, et à cette rigidité qui prévalait autour des fourneaux pour suivre les recettes à la virgule près.

¶ ¶ ¶ Dans ce contexte, la fin du *France* en 1974 tourne une autre page, celle de la gastronomie embarquée. À bord du paquebot, les chefs Henri Le Huédé ou Raymond Grangier exprimaient avec leurs équipes un savoir-faire inégalé autour de produits frais, transformés sur place en haute mer, servis dans des vaisselles d'apparat entre plats en porcelaine fine et couverts en argent ; ils développaient à cet égard une logistique phénoménale. Pour la croisière autour du monde de 1972, l'économe du bateau avait prévu 45 tonnes de farine, 12 de sel, 110 de viandes et autant de pommes de terre, 55 tonnes de volailles, 37 de poissons, 23 de charcuteries, 21 de légumes, 22 de fruits, plus 12 000 bouteilles de champagne, 2 000 de vins fins, 75 000 bouteilles de vin de chambre, 20 000 de bière, autant de limonades ou d'eaux gazeuses et d'eaux minérales, bref des chiffres à donner le tournis.

Des chefs lancent une gastronomie plus légère, une « nouvelle cuisine » déjà branchée

¶ ¶ ¶ Le passager – autant celui de première classe sous la coupole du luxueux salon Chambord et ses quatre-vingts serveurs, chefs de rang ou sommeliers, que celui de la classe touriste dans la salle à manger Versailles – devait garder un souvenir inoubliable, l'impression de manger aussi bien qu'aux meilleures adresses parisiennes. Jetons un coup d'œil sur le menu du jeudi 27 mars 1969 : après la quinzaine de hors-d'œuvre (dont une « Terrine de caneton amiénoise » ou des « Palourdes des Glénans »), deux potages, puis des « Œufs brouillés Balzac », et les pâtes, les grillades, la « Choucroute garnie du pays alsacien », dix plats pour buffet froid (dont un « Gigot d'agneau avranchin à la gelée de menthe » ou un « Dindonneau bressan cranberry sauce »), et enfin les salades, fromages, entremets, compotes et autres fruits.

¶ ¶ ¶ Dans ce déjeuner pantagruélique, on trouve aussi une « Langouste de camaret froide sauce vincent ». Car langouste, langoustine et homard restent des produits prestigieux, inséparables des hauts lieux de la gastronomie, donc du *France*. Ce ne fut pas toujours le cas. *L'Art de la cuisine française* d'Antonin Carême consacre deux fois moins de pages à ces trois crustacés réunis qu'à l'écrevisse qui, au XIXe siècle, était au faîte de sa gloire, notamment grâce à la sauce Nantua (la bestiole pullulait dans les lacs du Bugey). Toutefois, la noblesse du homard n'a jamais été remise en cause, que ce soit dans le *Dictionnaire universel de cuisine pratique* de Joseph Favre en 1894, où il est accommodé de différentes façons, ou vingt ans plus tôt dans le *Grand Dictionnaire de cuisine*, quand Alexandre Dumas le préconise « à l'américaine » en suivant la méthode Vuillemot, avec « toute l'attention de nos lecteurs et surtout de nos lectrices, le plat étant très compliqué. »

Langouste et homard restent des produits inséparables des hauts lieux de la gastronomie

¶¶¶ L'inventeur de cette dernière recette serait un cuisinier français d'origine sétoise, Pierre Fraysse, vers 1860 dans le restaurant Peter's qu'il venait d'ouvrir à son retour d'un séjour aux États-Unis. Chef Simon, du journal *Le Monde*, raconte l'anecdote : « Un soir, peu avant la fermeture, des convives se présentent et insistent pour dîner. Peters se remet donc aux fourneaux, mais le temps et les marchandises lui manquent. Il décide de cuire des homards dans une sauce composée de tomates, ail, échalote, vin blanc, cognac et afin que le homard cuise plus rapidement il le coupe en morceaux. Le repas est une vraie réussite et lorsqu'on lui demande le nom de sa recette il dira, encore sous l'influence de son voyage outre-Atlantique, "homard à l'américaine" ». Paul Bouillard s'insurge, dans *La Gourmandise à bon marché* : « C'est par une déviation phonétique qu'une de nos plus anciennes recettes éminemment française le *Homard à l'armoricaine* est devenue *Homard à l'américaine*. N'en déplaise à nos amis d'outre-Atlantique, c'est en France, pays de grande fine champagne, que ce plat est né. » Face à la polémique, l'écrivain poète Raoul Ponchon s'amusait à rimailler : « Une Américaine était incertaine / Sur la façon de cuire un homard / Et si nous remettions la chose à plus tard ? / Dit le homard à l'Américaine » (*Gazettes rimées*). Quant à Prévert, il le glisse dans son *Inventaire*, « une mouche tsé-tsé un homard à l'américaine un jardin à la française », le célèbre poème paru en 1946.

¶ ¶ ¶ Au moment où le *France* rentre définitivement au port, des publicités musicales à l'air entêtant envahissent les écrans télévisés et les ondes radio : « La langouste de Cuba, tout le monde adore ça ! » Privé de pinces et issu des mers chaudes, cet animal présente une chair beaucoup moins iodée que le homard ou la langoustine. Voilà pourquoi on accompagne souvent la langouste d'une puissante mayonnaise ou d'un beurre blanc, recette entrée dans le patrimoine gastronomique au début du XXe siècle. D'ailleurs, quelle est l'origine du beurre blanc ?

« C'est une des questions les plus complexes qui puisse se poser à l'homme avide de s'instruire », remarque avec humour Francis Amunategi, dans *L'Art des mets*, où il laisse entendre qu'Angevins et Nantais s'en disputent la paternité. Il semble tout de même qu'il fut inventé par Clémence Lefeuvre, la cuisinière en chef du château de Goulaine, aux portes de Nantes, le jour où elle oublia d'incorporer les jaunes d'œufs dans la sauce béarnaise qu'elle confectionnait...

Dans la famille du homard (mer froide et pinces au bout des pattes), la langoustine est à présent incontournable. Pêchée dans l'Atlantique Nord, elle a valu, dans ces années 70, à l'heure de la construction européenne, une guerre commerciale entre la France et la Grande-Bretagne autour de la dimension des mailles des filets. Désormais les « demoiselles du Guilvinec » arrivent en Bretagne dans un climat plus apaisé, fraîches comme des roses, avant de rejoindre les cuisines des grands chefs sans qui elles ne connaîtraient pas leur succès actuel (bien qu'Auguste Escoffier en préparât déjà une « à la hongroise », ouverte en deux et traitée « comme le homard, à la Newburg à cru »). En effet, de fretin que l'on rejetait en mer avant-guerre, de produit cheap perdu au milieu des plateaux des écaillers aux Halles, la langoustine est devenue un must des meilleures tables, un plat grande classe depuis qu'il a été réinventé par Bernard Loiseau, Claude Deligne, et surtout Joël Robuchon dans sa « Poêlée de langoustines au basilic » : simple et sublime.

« Je me souviens de la langouste au beurre blanc proposée sur la carte du *France*. Or, j'ai toujours évoqué le désarmement de ce paquebot avec un vrai pincement au cœur, parce que cela a marqué un tournant dans la gastronomie. Je voulais donc raconter cette histoire et mettre ce grand plat en valeur, pour la langouste bien sûr, mais aussi pour le beurre blanc, dans sa note légèrement acidulée et astringente. » *TM*

LANGOUSTE AU BEURRE BLANC

Ingrédients pour 4 personnes :

- 2 langoustes
- 1 branche de thym
- 1 branche de laurier
- 4 échalotes
- sel
- poivre
- persil
- 5 cl de vin blanc sec
- 2 cl de vinaigre de vin blanc (facultatif)
- 125 g de beurre doux froid

Préparation :

- Ficeler les langoustes sur une petite planchette pour que la queue reste bien à plat, les pocher vivantes dans de l'eau bouillante salée avec thym et laurier, 6 à 7 minutes pour une langouste de 500 g.
- Les sortir et les décortiquer, tronçonner la queue en médaillons. Réserver le temps de préparer le beurre blanc.
- Peler et émincer les échalotes le plus finement possible (c'est important), les réduire avec le vin blanc et le vinaigre (aux deux tiers) sur feu doux. Tailler le beurre en petits cubes que l'on ajoute dans la casserole. Battre au fouet, très rapidement, sur feu vif. Déposer une pointe de sel pour finir. Napper les médaillons de langouste.

Pommes de terre : A, rameau fleuri ; B, pied entier de marjolin avec ses tubercules ; C, fruit ; D, chave ; E, early rose.

COMMENT LE POULET EST PASSÉ D'UNE CUISSON « AU POT » À UN RÔTISSAGE, AVEC DES FRITES

« Ce jour-là, il pleuvait sur Laruns, un gros orage, le roi était mouillé ; il rentre dans une cuisine, il est séduit par l'odeur du bouillon, de la poule qui cuisait, et cela ne l'a jamais quitté ! » De sa voix chaude aux accents rocailleux, le poète béarnais Jean-Claude Coudouille, en costume d'époque avec collerette autour du cou (que l'on appelle aussi une fraise...), raconte ainsi comment Henri IV découvrit la poule au pot, à l'issue d'une partie de chasse en vallée d'Ossau. Ce reportage, diffusé au journal de TF1 en 1994 pour le quatre centième anniversaire du sacre du souverain de France et de Navarre, dévoile des Pyrénéens attablés autour de grandes assiettes fumantes, dans ce même village de Laruns. Près de trente ans plus tôt, en 1965 sur l'ORTF Bordeaux, le cuisinier Maurice Dumas rappelait la méthode ancestrale pour préparer ce plat : « On faisait cuire la poule au pot dans ce que ce que l'on appelle le "tout-cuit". On le plaçait au coin de l'âtre avec la poule farcie et les légumes, et puis c'était terminé. » La marmite remplace désormais le « tout-cuit » pour pérenniser la recette, qui existe au pied des montagnes béarnaises de longue date, sans doute depuis que la poule est mangée.

¶ ¶ ¶ Mais qui créa la légende autour de la célèbre phrase d'Henri IV ? Celui-ci, après l'accession au trône de France suite à sa reconversion catholique, prit plusieurs mesures pour panser les plaies de décennies de guerres de religion. La plus célèbre fut l'édit de Nantes, autorisant la pratique du protestantisme. Certaines touchaient à l'économie, comme la création de la manufacture de tapisserie des Gobelins, ou la construction du canal de Briare entre Seine et Loire afin de faciliter le commerce. Dans un pays anéanti, il fallait surtout relancer de toute urgence le secteur agricole ; le peuple ne saurait mourir de faim. Sully, constatant que « Labourage et pâturage sont les deux mamelles de la France », fit mettre en œuvre les mesures préconisées par l'agronome Olivier de Serres. Et c'est dans ce contexte que le bon roi Henri aurait lancé : « Si Dieu me donne encore de la vie je ferai qu'il n'y aura point de laboureur en mon Royaume qui n'ait moyen d'avoir une poule dans son pot. »

« Il n'y aura point de laboureur en mon Royaume qui n'ait moyen d'avoir une poule dans son pot »

¶ ¶ ¶ La formule entra dans la postérité un demi-siècle seulement après la mort d'Henri IV, lorsque Hardouin de Perefixe la glissa dans son *Histoire du roy Henry le Grand*, sans doute après l'avoir citée en exemple au futur Louis XIV dont il était le précepteur. À l'inverse, Gérard de Nerval doute de la bonté du monarque, à lire *La Main enchantée* : « malheureux paysans français à qui les soldats du roi Henri faisaient la guerre pour n'avoir pu payer la taille, et ne paraissaient pas près de jouir de la célèbre poule au pot. » Quant à la tradition du dimanche, elle aurait été inventée par Louis XVIII afin de redorer l'image de la royauté restaurée après l'Empire. Oubliés dès lors les chants entendus contre Turgot à l'aube de la Révolution française : « Enfin la poule au pot va être mise / On peut du moins le présumer / Car depuis deux cents ans qu'elle nous est promise / On n'a cessé de la plumer. »

¶ ¶ ¶ Le rôtissage, lui, progresse lentement au fil des siècles dans les pratiques culinaires. Edmond Neirinck et Jean-Pierre Poulain détaillent dans *Histoire de la cuisine et des cuisiniers* une pratique moyenâgeuse qui « consiste à faire bouillir les viandes avant de les rôtir. Pratique qui restera en usage jusqu'à la fin du XVIIIe siècle. » Il s'agissait alors, en l'absence de moyen de conservation (le froid n'était pas maîtrisé), d'enlever le mauvais goût et « les méfaits du rassissement ». Marie-Hélène Baylac confirme l'évolution dans son *Dictionnaire gourmand* : « Les cuisiniers de Napoléon tiennent en permanence plusieurs poulets au four pour qu'il y en ait toujours un rôti à point quand l'Empereur mangera. »

¶ ¶ ¶ Nous voilà donc passés de la poule au poulet, d'un plat mijoté à une grillade, de traditions culinaires remontant à l'Antiquité grecque et romaine à des méthodes de cuisson modernes. Pour autant, la chair demeure la même : une viande blanche, à forte valeur nutritive – elle est riche en zinc, fer, phosphore, vitamines, etc. –, et appréciée pour sa basse teneur en graisse. En la matière, le poulet est plus maigre que la poule, ainsi que le rappelle la comtesse de Ségur (*L'Auberge de l'ange gardien*) : « Le général. – [...] ces bêtes que vous mangez sont des poulardes perdues de graisse, la chair en est succulente... Elfy. – Et mes poulets ? Le général. – Que diantre ! Vos poulets sont des bêtes sèches, noires, misérables, qui ne ressemblent en rien à ces grasses et admirables volailles. » Plus bouffi encore est le chapon, nourriture noble depuis que le consul romain Caius Fannius Strabo fit interdire, en 161 avant notre ère par sa *Lex Fannia*, l'engraissement des poulardes (le blé devait être réservé en priorité à la fabrication du pain, priorité aussi à la production des œufs pour les femelles) ; chapon que l'on retrouve sur les tablées familiales de fin d'année.

La volaille est un plat qui se savoure en famille

¶ ¶ ¶ Une certitude au moins : que ce soit pour le poulet-frites du dimanche, le chapon de Noël, la poule au pot des vallées pyrénéennes, ou même la dinde de Thanksgiving chère aux Américains, la volaille est un plat qui se savoure en famille. C'est ainsi. Chacun de nous garde en mémoire la saveur d'enfance du poulet rôti de sa maman, de sa grand-mère. Pour restituer ces goûts et odeurs du passé, il convient de choisir un animal de qualité. Celui de « batterie », qui atteint son poids en quarante jours à peine sans voir la lumière, est à proscrire. Restent alors le « fermier » en label rouge – Challans, Loué, Landes, Gers, etc. –, partagé entre des bâtiments confortables et des parcours extérieurs, ou le « bio » en label AB, qui offre la garantie d'avoir couru en plein air durant une centaine de jours, sans oublier bien sûr la seule appellation d'origine contrôlée (AOC), le « Bresse », à chair très blanche, interdit d'abattage avant cent quarante jours.

¶ ¶ ¶ Arborer une jolie poitrine, un beau « coffre », est un atout de qualité pour un poulet qui doit aussi montrer ses muscles : des cuisses ramassées sont la preuve d'une bonne pratique de l'exercice physique. Pour dénicher la meilleure volaille, des marchés permettent un peu partout de s'approvisionner au plus près des producteurs. Par exemple l'ancienne foire aux dindes de décembre, à La-Charité-sur-Loire dans la Nièvre, que décrivait la première chaîne de l'ORTF en 1961 : « Combien cette bête ? C'est un peu trop cher... On discute, on débat, où serait le plaisir ? La pintade, elle, s'en désintéresse. Tout un vieil atavisme de désillusion lui a appris qu'après être entourée de considération et d'honneur, elle le serait de marrons ! »

¶ ¶ ¶ À moins qu'elle ne préfère de belles pommes de terre grillées, à en croire le trait d'humour de Jean Rochefort dans la série télévisée *Les Bœuf-carottes* : « De nous jours, un poulet ferait n'importe quoi pour quelques frites. » Ah ! les frites ! Devenues accompagnement préféré des consommateurs, elles sont d'abord nées sous forme de rondelles. Dès 1760, un rapport de médecin, pour une affaire de tentative de meurtre dans un monastère de Bourgogne, fait état de « deux plats d'étain, dans l'un desquels étoient des haricots fricassés, dans l'autre quelques pommes de terre frites. » Sans doute s'agissait-il d'une cuisson en beignet comme celle préconisée par la veuve Mérigot dans *La Cuisinière républicaine* en 1794 : « Faites une pâte avec de la farine de pommes de terre, deux œufs délayés, de l'eau [...] ; pelez les pommes de terre crues, coupez-les par tranches, trempez-les dans cette pâte et faites les frire de belle couleur. » En ces temps, la pomme de terre restait encore un plat pour les pauvres.

¶ ¶ ¶ Il fallut attendre le début du XIXe siècle pour qu'elle entrât dans les livres de gastronomie et les cuisines bourgeoises en rondelles rissolées dans de la graisse. À la manière de Viard dans *Cuisinier impérial* : « coupez-les en tranches rondes de la largeur d'un petit écu, épais d'une ligne et demie ; vous mettrez un bon morceau de beurre dans une casserole ; posez-la sur un feu ardent ; ajoutez-y les pommes de terre ; sautez-les toujours jusqu'à ce qu'elles soient blondes ». À la manière de Grimod de La Reynière dans *Journal des gourmands et des belles* : « dressez votre beef'-s-teak [...] en y ajoutant quelques pommes de terre frites dans du beurre bien frais ». Les bâtonnets firent leur apparition une cinquantaine d'années plus tard, en 1861, sous la plume de l'écrivain gastronome belge Philippe Cauderlier qui suggérait, dans *L'Économie culinaire*, de couper « les pommes de terre en tranches ou en bâtons ».

¶ ¶ ¶ Par la suite, avec le développement de la culture de l'arachide dans sa colonie sénégalaise, la France découvrait une huile qui supporte les températures élevées. Et voilà le point de départ de la frite actuelle, celle que Roland Barthes trouve « nostalgique et patriote comme le bifteck » (*Mythologies*), celle pour laquelle chez Albert Camus « la plupart du temps, le petit groupe n'avait même pas l'argent d'un cornet » (*Le Premier Homme*), celle qui s'accommode admirablement du poulet.

¶ ¶ ¶ Aujourd'hui, plus besoin d'attendre le dimanche pour déguster un poulet-frites. Les rôtisseries abondent, les brasseries n'en manquent pas, et certains chefs le cuisinent avec doigté, tel Georges Blanc dont la chambre d'enfant, à Bourg-en-Bresse, se trouvait au-dessus de la cuisine familiale : «J'avais toujours les effluves, les bonnes odeurs qui montaient. Je voyais ma mère cuisiner cette merveilleuse volaille en grande quantité, surtout le dimanche. Et c'était comme cela avec ma grand-mère, mon arrière-grand-mère depuis cent cinquante ans.» Inutile non plus de payer une fortune pour quelques restes de poulet-frites, comme ceux du rappeur américain Kanye West, récupérés dans un fast-food par un fan et vendus aux enchères près de 28 000 euros. Quel mauvais goût...

La frite est-elle française ou belge ? Où le mariage entre la pomme de terre, légume populaire, et la cuisson dans un bain de graisse, réservée à la haute société, a-t-il pu se produire ? La réponse est peut-être à chercher « dans les rues de Paris, où, au XVIIIe siècle, les marchands ambulants trimballent leur bassine de friture remplie d'une graisse douteuse dans laquelle ils plongent des viandes et des légumes enduits de pâte à beignet », suggestion de l'historien Pierre Leclercq, dans une enquête pour l'université de Liège.

« Le poulet-frites que je garde en mémoire est celui d'un bistrot, aux Puces de Saint-Ouen, où j'allais écouter Manuela chanter du Édith Piaf. Les pommes de terre étaient un peu grasses, la volaille était rôtie à la perfection, on mangeait sur le pouce avec un trait de moutarde. Il en est ainsi : à chacun "son" poulet-frites ! Certains le lient à l'univers familial (la maman ou la grand-mère), d'autres l'associent au repas du dimanche ; pour moi, c'est un moment de partage, comme quand j'allais aux Puces. » *TM*

POULET FRITES

Ingrédients pour 4 personnes :

- 1 poulet (fermier ou Label Rouge)
- 50 g de beurre
- 2 oignons épluchés et coupés en quartiers
- 3 belles tomates coupées en quartiers
- 5 pommes de terre (agria ou estima)
- huile d'arachide pour la friture
- sel
- poivre

Préparation :

- Brider le poulet et le blanchir en le plongeant dans une grande marmite d'eau salée à ébullition. Réserver en le laissant s'égoutter une petite heure.
- Préchauffer le four à 240 °C.
- Badigeonner le poulet au pinceau avec du beurre fondu ou de l'huile, saler, poivrer, faire rissoler au feu quelques minutes dans une cocotte beurrée, sur chaque cuisse, puis dessus et dessous. Ajouter les oignons et les tomates. Enfourner ensuite la cocotte, au moins 40 minutes. Arroser régulièrement le poulet de matière grasse (par des lamelles de beurre par exemple). Laisser reposer quelques minutes avant de servir.
- Pour les frites, éplucher les pommes de terre, les couper assez grossièrement, et les blanchir dans un bain d'eau bouillante (ce qui leur évite de prendre trop de matière grasse). Les égoutter sur un torchon et les faire frire dans de l'huile d'arachide à 145 °C durant 4 à 5 minutes (vérification à l'œil et à l'odeur). Les égoutter sur un papier absorbant, puis les saler.

LES CRÊPES, ENTRE LÉGENDES SOLAIRES ET RÉALITÉS FESTIVES

À Marseille, la tradition est immuable depuis des décennies, peut-être même depuis l'an mille, à Saint-Victor. Le 2 février, juste après cinq heures du matin, l'Évangile (désormais apporté par les étudiants de la marine marchande) arrive par la mer comme aux premiers siècles puis, du quai des Belges, une procession s'élance vers l'abbaye. Là, sur le parvis, des cierges de couleur verte – celle de la Vierge et celle du sceau de cire des moines de Saint-Victor sous les Comtes de Provence – sont bénis par l'archevêque avant une messe à la fin de laquelle on vient toucher le manteau de la Vierge noire en signe de vénération. Chacun repart alors avec un cierge vert, allumé, qui ne doit pas s'éteindre avant d'arriver à la maison.

¶ ¶ ¶ En 1956, les actualités télévisées de l'ORTF Marseille en montrent des images accompagnées d'un commentaire typique de ces années-là (sur fond de musique romantique) : « C'est la Chandeleur et, comme chaque année, les Marseillais célèbrent la fête de Notre-Dame de Confession en l'église Saint-Victor [...] Autre tradition de la Chandeleur, les savoureuses crêpes que chaque ménagère doit faire tourner adroitement dans la poêle en tenant un louis d'or dans la main. C'est là, dit-on, un signe de richesse pour les douze mois à venir ! »

¶ ¶ ¶ Sans doute la crêpe n'est-elle pas une invention très récente. Certains historiens évoquent déjà, bien avant notre ère, des galettes épaisses obtenues par l'écrasement de quelque céréale mélangée à de l'eau et « cuites » sur des pierres chaudes. Il fallait sûrement avoir, sinon de très bonnes dents que perdaient souvent nos ancêtres de la préhistoire, au moins l'estomac solide pour digérer cette mixture. Par la suite, des rites païens appelaient à la réapparition des beaux jours et des moissons en mangeant des galettes, rondes et dorées comme le soleil indispensable aux nouvelles pousses. Au printemps, les Grecs accompagnaient le retour de Perséphone, reine des Enfers, chez sa mère, la déesse de l'Agriculture, en allumant des torches. D'autres cérémonies marquaient la fin de l'hiver et la fertilité : Imbolc chez les Celtes le 1er février, à la lueur de flambeaux ; ou encore quinze jours plus tard chez les Romains, les Lupercales.

☛ ¶ ¶ ¶ C'est là que l'Église intervient. Dans les dernières années du Ve siècle, le pape Gélase Ier abolit ces Lupercales, considérées comme des fêtes barbares, pour mettre en avant la présentation de l'Enfant Jésus au temple de Jérusalem par Marie, un épisode rappelé dans l'*Évangile selon saint Luc :* « Quand arriva le jour fixé par la loi de Moïse pour la purification, les parents de Jésus le portèrent à Jérusalem pour le présenter au Seigneur ». Un reportage diffusé au journal de 13h de France 2 en 1998 raconte la suite : « À partir du haut Moyen Âge, on a envoyé à Rome des pèlerins pour la célébration de cette présentation de l'Enfant Jésus. Ils portaient des cierges bénis. La tradition a transformé ces cierges en chandelles, d'où le nom de Chandeleur. Le pape se devait de nourrir ces pèlerins, mais ils étaient si nombreux que le pain a fini par manquer. On a alors dilué la farine pour en faire de fines galettes devenues les crêpes que nous mangeons aujourd'hui. »

¶ ¶ ¶ Traditions païennes et célébration chrétienne, galettes épaisses ou pain allégé, torches et flambeaux changés en cierges et chandelles : légendes et réalité se marient avec allégresse. Jusqu'à la coutume de la pièce à tenir dans la main au moment de sauter la pâte, histoire de s'assurer la prospérité durant un an ; on peut aussi placer la première crêpe en haut d'une armoire jusqu'à l'année suivante pour éloigner la misère, mais gare aux odeurs !

Le succès populaire de cette préparation tient à sa simplicité

¶ ¶ ¶ Au-delà de l'histoire, le succès populaire de cette préparation tient à sa simplicité. Juste un peu d'eau, du lait, des œufs, de la farine et du sucre. Voilà d'ailleurs le tout premier plat qu'une maman enseigne à ses enfants. Moment de fête autour de la confection de la pâte, apprentissage de la cuisson dans une poêle graissée avec un morceau de pomme de terre trempé dans l'huile, jeu et angoisse à l'instant de donner le coup de poignet décisif, plaisir de saupoudrer sa réalisation d'une pluie de sucre ou de la napper d'une marmelade de fraises, tout cela enchante petits et grands, c'est un bonheur transgénérationnel.

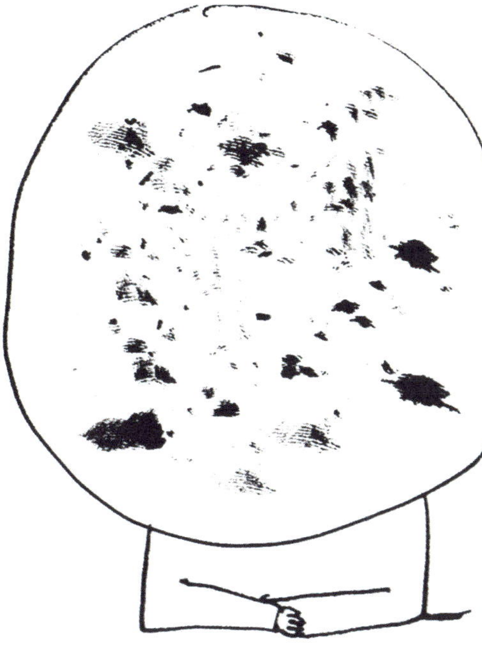

¶ ¶ ¶ La comptine de notre enfance ne proclame pas autre chose : « Quand on fait des crêpes chez nous / Maman nous invite / Quand on fait des crêpes chez nous / Elle nous invite tous ! » Et allez savoir si Peau d'âne ne voulait pas préparer des crêpes plutôt qu'une galette, sous la plume de Charles Perrault en 1694 : « Peau d'âne donc prend sa farine / Qu'elle avait fait bluter exprès / Pour rendre sa pâte plus fine » ? Quant à Hector Malot, il consacre une longue scène de *Sans famille* à ce rituel : « Avec la cuiller à pot, mère Barberin a plongé dans la terrine d'où elle retire la pâte qui coule en longs fils blancs ; elle verse la pâte dans la poêle, et le beurre qui se retire devant cette blanche inondation la frange d'un cercle roux. À mon tour je me penche en avant. Mère Barberin donne une tape sur la queue de la poêle, puis, d'un coup de main, elle fait sauter la crêpe, au grand effroi de Mattia ; mais il n'y a rien à craindre ; après avoir été faire une courte promenade en l'air dans la cheminée, la crêpe retombe dans la poêle sens dessus dessous, montrant sa face rissolée. Je n'ai que le temps de prendre une assiette, et la crêpe glisse dedans. »

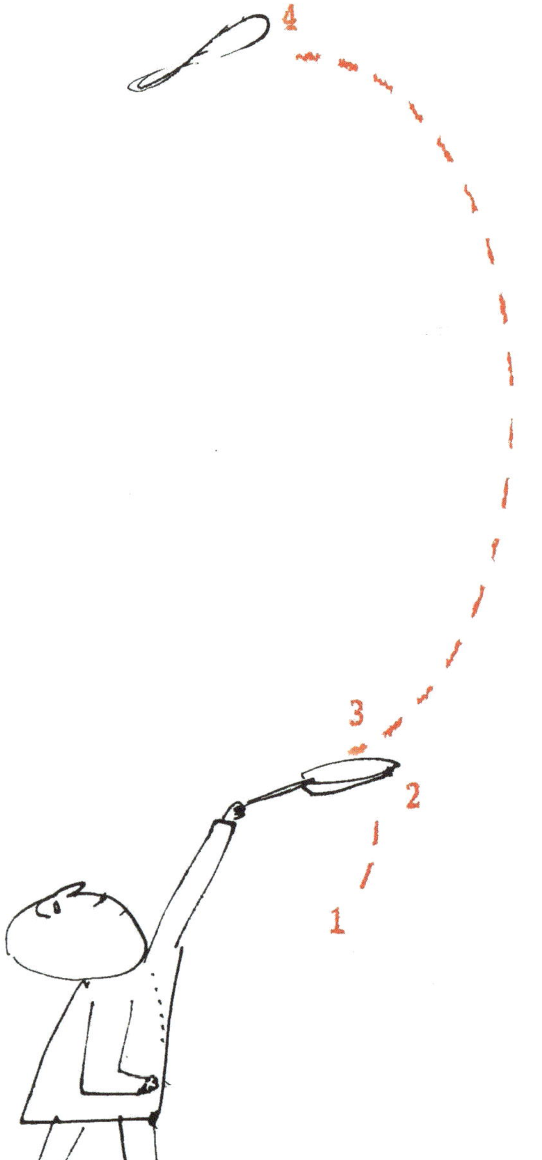

¶ ¶ ¶ N'a-t-on pas envie, à lire cela, d'enfourner immédiatement l'objet du délit dans son gosier et d'en faire une seule bouchée ? Pourtant la crêpe n'est pas qu'une distraction pour les gosses. En lui accolant un prénom, Auguste Escoffier lui a donné des lettres de noblesse internationales, désormais réécrites par les plus grands toqués du monde entier, Gordon Ramsay à Londres, les frères Pourcel à Montpellier, ou Jean-Claude Brugel à Monaco. C'est d'ailleurs là, au Café de Paris, que serait née en 1896 la recette de la crêpe Suzette, lorsque Henri Charpentier, apprenti d'Escoffier, enflamma par maladresse des crêpes à la liqueur qu'il préparait sous les yeux du prince de Galles. Épaté, le futur Edouard VII voulut connaître le nom de ce dessert ; le chef lui fit croire à une invention destinée à porter son nom royal, mais dans un élan de galanterie le prince préféra qu'on lui donnât le prénom de la jeune femme qui partageait son repas.

¶ ¶ ¶ Escoffier avait-il enseigné le tour de main à Charpentier ? Toujours est-il que dans son *Guide culinaire* paru six ans plus tard, il livre la recette complète, avec du curaçao et non du Grand Marnier, et sans inciter à flamber le tout. La vérité historique, là encore, est sujette à discussion. D'autres versions citent en effet l'actrice parisienne Suzanne Reichenberg, surnommée Suzette au théâtre, comme inspiratrice du dessert. Une chose est sûre, Auguste Escoffier a inventé le show (ici associé au chaud) culinaire : c'est le cuisinier qui se déplace en salle, qui prépare la crêpe devant le client, réalise le glaçage en direct, ainsi qu'un flambage éventuel.

La crêpe n'est pas qu'une distraction pour les gosses

¶ ¶ ¶ Des crêpes, il en existe de toutes sortes : galette bretonne à la farine de sarrasin, matefaim (ou matafan) savoyard au fromage, tourtou limousin, ficelle picarde, talo basque au maïs, crapiau du Morvan ; sans oublier quelques cousines étrangères comme le baghrir de semoule aux mille trous du Maghreb, la tortilla mexicaine, le blini russe ou le pancake anglo-saxon dont la pâte est levée. Elles peuvent parfois s'ériger en argument inédit, à la manière d'Olivia Ruiz : « Allez reviens à la maison / J'te f'rai des crêpes aux champignons ». Elles se dégustent à toute heure, en complément d'un petit déjeuner, au dessert à la mi-journée, en en-cas de l'après-midi, ou en entrée d'un dîner. Chacun les farcira des ingrédients de son choix : sucre, confiture, caramel, sirop d'érable, voire chantilly pour les gueules sucrées ; jambon, champignon, fromage ou œuf pour les bouches salées. Les combinaisons vont à l'infini, ainsi tout le monde peut y trouver son compte, passer de l'une à l'autre, proposer différentes variétés à ses convives ; ce qui évitera, en cas de désaccord autour de la table, de *se crêper le chignon*...

« Contrairement à beaucoup de monde, j'aime la crêpe sous toutes ses formes. Peu de gens connaissent le gâteau de crêpes, or, quand il reste des crêpes – et c'est souvent le cas après une grosse tournée –, l'idée de les monter couche par couche en alternance avec de la crème est intéressante. Les enfants sont séduits pour le goûter, on peut prolonger le gâteau durant quelques jours, et cela évite de gâcher... » *TM*

GÂTEAU DE CRÊPES

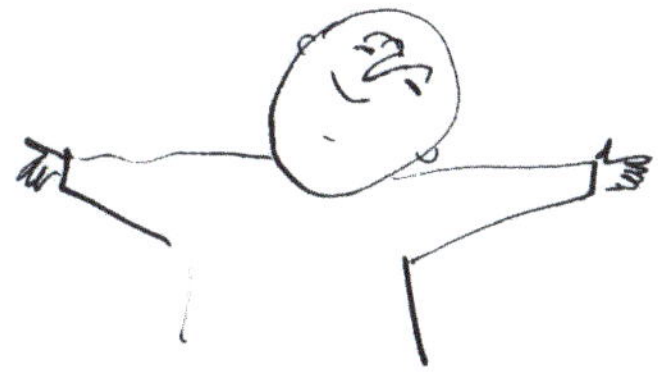

Préparation :

- La pâte à crêpes. Mélanger au fouet les œufs battus, le lait, le sucre et le sel. Passer ce mélange au chinois et y ajouter la farine, puis le beurre fondu. Mélanger, réserver.
- La crème pâtissière. Dans une casserole, porter le lait à ébullition.
- Dans un saladier, faire blanchir au fouet les jaunes d'œufs et le sucre. Incorporer la farine et mélanger au minimum. Verser en partie le lait chaud sur la préparation et fouetter. Verser dans la casserole avec le lait et faire cuire la crème pâtissière sur feu moyen, tout en remuant jusqu'à ce qu'elle épaississe. Réserver au frais, puis y incorporer la crème Chantilly.
- Le gâteau de crêpes. Dans une poêle à crêpes légèrement huilée, faire cuire 10 crêpes sur feu vif. Les superposer dans un plat en couvrant chacune d'elles d'un peu de crème pâtissière. Mettre au réfrigérateur quelques heures.
- Servir frais coupé en tranches.

Ingrédients pour 8 personnes :

- Un cercle de 20 cm de diamètre

pour la pâte à crêpe :

- 5 œufs battus
- 50 cl de lait entier
- 50 g de sucre
- 1 pincée de sel
- 250 g de farine
- 25 g de beurre fondu

pour 400 g de crème pâtissière :

- 50 cl de lait
- 5 jaunes d'œufs
- 100 g de sucre
- 40 g de farine (ou de Maïzena®)
- 100 g de crème Chantilly

CHARBON
À L'AMBASSADE D'AUVERGNE
CAFE CHARBON

LE PETIT SALÉ AUX LENTILLES EST MONTÉ À PARIS AVEC LES AUVERGNATS

Albert Uderzo regrette presque, dans *Le Livre d'Astérix le Gaulois*, d'avoir nourri Obélix de sangliers car, après le succès de leurs premiers albums, les créateurs d'Astérix en trouvaient au menu de chaque soirée à laquelle ils étaient conviés. « Avec René [Goscinny], nous nous disions : "Quel dommage que l'on n'ait pas fait manger du caviar aux Gaulois ! On se régalerait tous les jours..." Je me souviens notamment d'une réception, à l'occasion de la sortie d'un livre sur Vercingétorix, dans un petit restaurant parisien, au cours de laquelle nous avons dû grignoter (doux euphémisme) un sanglier adulte cuit à la broche absolument immangeable. [...] sa chair était dure comme de la pierre ! »

¶ ¶ ¶ Au contraire de ce que suggèrent les aventures d'Astérix et Obélix, les Gaulois préfèraient le porc, qu'ils élèvaient eux-mêmes. Ils l'accompagnaient de céréales, arrosaient le tout de cervoise ou d'hydromel et, d'après l'historien et philosophe grec Posidonios d'Apamée, mangaient « proprement, mais avec un appétit de loup, prennent les pièces de viande à pleines mains et les dévorent en les rongeant jusqu'à l'os » (voilà qui rappelle la joyeuse scène finale du banquet, où les villageois bâfrent tout au long de la nuit). ☛

¶ ¶ ¶ Quant à savoir si le porc descend du sanglier ou d'une espèce de cochon sauvage disparue, d'éminents zoologues planchent toujours sur la question, études chromosomiques ou datation au carbone 14 à l'appui. Certains affirment que, dès la préhistoire, le cousinage a donné deux lignées séparées. Une chose est sûre, par l'abondance de sa chair, par sa domestication aisée, le porc fut très tôt intégré dans l'alimentation humaine. Les civilisations égyptiennes le consommaient bien qu'elles le considéraient comme impur ; du reste après Moïse et Mahomet il fut banni des plats juifs et musulmans. Les Chinois en ont toujours raffolé ; les Tibétains le placèrent au centre de leur « roue de la vie ». Les Grecs adoraient les abats, et on sait, grâce à *L'Odyssée* d'Homère, qu'Ulysse fut régalé de deux cochons rôtis qui sentaient la fumée lorsqu'il revint voir son porcher Eumée – qui avait planté « des pieux épais et nombreux, en cœur noir de chêne ; et [...] avait fait douze parcs à porcs ». Enfin les Gaulois, friands de jambon, saucisson et autre andouillette, développèrent la charcuterie ; en l'absence de réfrigérateur ou de conservateurs, salage et fumage représentaient alors les seuls moyens pour garder un peu de viande. Dans *Le Tour de Gaule d'Astérix*, Astérix et Obélix ramènent en effet du saucisson de Lugdunum, du jambon de Lutèce (« Oui, tout un jambon, mais pas trop fines les tranches »), ou encore de la saucisse de Tolosa.

¶ ¶ ¶ Le petit salé, rescapé ô combien précieux de cette époque, est longtemps resté dans l'ombre avant d'accéder à une gloire inattendue qu'explique Marie-Hélène Baylac dans son *Dictionnaire gourmand* : « Les Auvergnats qui montent à Paris et y fondent, à la fin du XIXe siècle et plus encore dans l'entre-deux-guerres, bistrots et brasseries, apportent avec eux leurs traditions culinaires et les adaptent au public de la capitale : finis le museau et les oreilles, voici venu le règne du petit salé. » Ce qui fait écho au constat de Paul Bouillard (*La Gourmandise à bon marché*) : « Tout Français peut se réclamer de deux provinces, la sienne et puis l'Auvergne ! » Quel est donc ce plat de partage qu'apprécient tant les Parisiens ? Il s'agit de différents morceaux mis, dès l'abattage, soit en salaison sèche (du gros sel, du salpêtre, un peu de sucre), soit en saumure liquide (de l'eau salée). On peut trouver là toutes sortes de pièces (plat de côte, travers, échine, palette, jambonneau, jarret, poitrine), tant il est vrai que rien ne se perd dans cet animal généreux.

« Tout Français peut se réclamer de deux provinces, la sienne et puis l'Auvergne ! »

¶ ¶ ¶ Oui, *Tout est bon dans l'cochon* ainsi que le chante Juliette avec jubilation (« Du groin jusqu'au jambon / [...] La rate et les rognons / [...] La queue en tire-bouchon »). L'expression initiale, « tout est bon dans le cochon », est attribuée à Jean Anthelme Brillat-Savarin dans sa *Physiologie du goût*. À la vérité, le bon sens rural s'exprime derrière ces quelques mots. Le porc, très facile à élever, a toujours été l'animal nourricier de nos campagnes. Au Moyen Âge, il supplanta le bœuf et le mouton pour devenir la première viande consommée. Plus tard, Vauban, ingénieur de Louis XIV, embêté de voir les paysans accablés d'impôts et endettés, prônait l'engraissement généralisé de cet animal « d'une nourriture si aisée que chacun peut en élever, n'y ayant point de paysan, si pauvre qu'il soit, qui ne puisse élever un cochon de son cru par an » (*Oisivetés ou ramas de plusieurs sujets à ma façon*).

¶ ¶ ¶ Par la suite, tuer le cochon marquait un jour particulier dans la famille. Un jour festif. Les voisins, les cousins, les amis venaient prêter la main, et on ne gâchait rien. Tout était découpé, transformé, préparé pour passer l'hiver : les rillettes, les jambons, les côtes, les jarrets, le filet, la palette, l'épaule, le groin, les oreilles, la graisse, jusqu'à la lepoa, petit morceau goûteux placé entre la longe et la tête (que redécouvrent aujourd'hui certains restaurateurs). Seul le filet mignon – pourtant l'une des meilleures pièces – échappait à la conservation, car il était cuit le jour même, pour le repas de midi, comme l'expliquait en 1985 sur FR3 Limoges le chef Bernard Bessières : « C'était un plat de fête, cuisiné par la maîtresse de maison, afin de remercier tous les invités. »

¶ ¶ ¶ Grâce à l'excellence de races françaises – noir de Bigorre, cul noir de Saint-Yrieix, pie noir du Pays basque, cochon de Bayeux –, les grandes maisons réhabilitent désormais le porc dans son entier. Y compris le petit salé, qui existait toutefois bien avant son engouement contemporain. *Le Petit Chose* d'Alphonse Daudet rappelle que la carbonade était composée « de petit salé haché, de morceaux de viande, de légumes coupés en dés, de vin blanc sec et d'aromates. » Peu avant, Grimod de La Reynière citait la « poitrine en petit salé » et, cent ans plus tard, Gustave Escoffier le recommandait accompagné d'une purée de pommes de terre. En définitive, ce sont les brasseries qui l'approprièrent et le rendirent célèbre. Sur le boulevard Saint-Germain, à Paris, Lipp en a longtemps fait – à côté de la choucroute – un des emblèmes de sa carte (qui propose toujours un « jarret de porc aux lentilles »), et Georges Chaudieu souligne, dans *Le Livre de la viande*, qu'il était « le casse-croûte des pêcheurs, des chasseurs : on le mange sur le pouce au comptoir de bistrot. »

¶ ¶ ¶ N'en déplaise à Escoffier, ou à Alfred Guerot qui le mariait à des choux farcis, son légume fétiche est à présent la lentille. En particulier celle de Haute-Loire à qui la terre volcanique du plateau du Velay, à mille mètres d'altitude, offre un goût différent de celle des terrains plus sédimentaires ou granitiques. Au surplus, les effets de foehn – ce vent sec retombant des massifs élevés du Cantal plus à l'ouest – provoquent une maturité anormale de la lentille du Velay, moins riche en amidon et au tégument très fin, qui fut la première à obtenir en France une appellation d'origine protégée (AOP), dès 1935. Sa culture dans la région remonte à loin, dans une poterie gallo-romaine découverte à Saint-Paulien, et sa première mention manuscrite apparut en 1643 sous la plume d'Antoine Jacmon, dans ses *Mémoires pour l'histoire du Puy et du Velay*, où il notait les mercuriales des « lantilhes ».

¶ ¶ ¶ Faut-il en conclure que la Haute-Loire fut le berceau du petit salé aux lentilles, avant que ce dernier gagne la capitale dans les bagages des bistrotiers auvergnats ? En 1976, dans *La Cuisine voyageuse* sur FR3, l'écrivain et cuisinier Félix Benoit n'était pas loin de l'accréditer : « La cuisine est une forme de civilisation, et le petit salé aux lentilles est un plat de base, roboratif, qui nourrit, tient au ventre parce que, en Haute-Loire, les hivers sont longs et froids. » Une chose est sûre, il compte désormais dans l'histoire de la cuisine française – Michel Oliver y consacrait une de ses émissions *La vérité est au fond de la marmite* en 1980 sur Antenne 2 –, après avoir glissé des fourneaux familiaux et populaires vers les comptoirs des bistrots, puis vers les pianos des chefs. Sans jamais perdre la maîtrise du feu : une cuisson longue, tout en douceur, qui en fait toute sa saveur.

¶ ¶ ¶ Le secret réside là. Dans leur étreinte intime, la viande donne du goût à la lentille et la lentille donne du goût à la viande. Le fumet qui s'échappe alors doucement de la marmite, avec les aromates du bouquet garni, en est le témoin privilégié. Il ne reste plus qu'à servir, bien chaud, et à savourer. Pourquoi pas sur l'une des petites tables recouvertes de nappes à carreaux rouges dans le restaurant à son enseigne, avenue des Ternes à Paris : Le Petit Salé ?

Dans leur étreinte intime, la viande donne du goût à la lentille et la lentille donne du goût à la viande

Si Esaü a cédé à son jeune frère Jacob son droit d'aînesse contre une soupe de lentilles (celles de Judée sont plus roses que celles du Velay), c'était tout simplement pour passer sa faim après une journée de labeur. Ce petit légume, riche en azote, en fer et en protéines, pourrait posséder de réelles vertus médicales. À tel point que pour soigner le foie, Hippocrate le préconisait en salade. Et Ambroise Paré suggérait de l'utiliser pour éviter les boutons de la vérole dans « la gorge et autres parties intérieures » !

« Dans le quartier parisien où je suis né, j'ai entendu parler pour la première fois de petit salé aux lentilles quand les Cocotte-Minute sont apparues. De la fenêtre de mon immeuble, le 140 de la rue de Ménilmontant, je voyais les concierges les dégoupiller, et je sentais l'arôme monter vers les étages. En général, le plat durait plusieurs jours, en se transformant en lentilles vinaigrette… » *TM*

PETIT SALÉ AUX LENTILLES

Ingrédients pour 8 personnes :

- 500 g de lentilles vertes
- 2 carottes
- 1 gousse d'ail
- 1 clou de girofle
- thym, laurier
- 600 g de poitrine demi-sel
- 2 jambonneaux demi-sel
- 80 g de beurre doux
- 1 oignon
- 20 cl de vin blanc sec
- 100 g d'oignons grelots
- 20 g de sucre en poudre
- sel fin

Préparation :

¶ Dans une casserole remplie d'eau, porter les lentilles à ébullition, bien égoutter pour les nettoyer, les remettre dans une cocotte avec de l'eau à hauteur. Y ajouter les carottes épluchées et taillées en cubes, l'ail écrasé, le clou de girofle et les aromates. Porter à ébullition, puis cuire à feu doux pendant 1 heure en écumant fréquemment.

¶ Ajouter la poitrine de porc en morceaux et les jambonneaux, que l'on aura préalablement blanchis 3 à 4 minutes dans un bain d'eau bouillante. Laisser cuire une demi-heure de plus.

¶ Dans une casserole à part, faire fondre 30 g de beurre à feu doux et faire suer l'oignon pelé et ciselé, déglacer au vin blanc, puis laisser cuire pour réduire de moitié. Ajouter les oignons grelots (pour mieux les éplucher, on peut les plonger dans l'eau froide) avec les 50 g de beurre restant, le sel et le sucre pour les caraméliser. Verser le tout dans la grande cocotte et laisser mijoter vingt bonnes minutes de plus, avant de servir.

UN BOEUF EN CROÛTE QUI DOIT BEAUCOUP AU DUC DE WELLINGTON

Certains, parmi les plus anciens, récitent Victor Hugo dans le texte : « Waterloo ! Waterloo ! Waterloo ! morne plaine / Comme une onde qui bout dans une urne trop pleine / Dans ton cirque de bois, de coteaux, de vallons, / La pâle mort mêlait les sombres bataillons. » D'autres, de générations plus récentes, se tortillent encore sur les rythmes émoussés d'Abba, « Waterloo – Couldn't escape if I wanted to / Waterloo – Knowing my fate is to be with you / Waterloo – Finally facing my Waterloo », sans toujours comprendre que l'interprète compare – sans doute de manière un peu pompeuse – sa déroute amoureuse à une débâcle militaire impériale. Enfin, pour les plus jeunes, Waterloo n'est plus qu'une annonce sonore dans une gare du même nom, à Londres, la plus fréquentée du Royaume-Uni, et qui, un temps, ironie du destin, accueillit les voyageurs en provenance de France.

¶¶¶ Avant tout Waterloo appartient à la mémoire collective de l'Europe : de notre côté de la Manche comme l'effondrement définitif de Napoléon, et sur la rive insulaire britannique comme l'apothéose glorieuse du duc de Wellington. Deux archives télévisuelles firent revivre la sanglante bataille – plus de 15 000 morts – à l'occasion de cérémonies d'anniversaire. Les actualités Belgavox, sur la RTBF, d'abord : « Il pleuvait à Waterloo, ce 18 juin 1965, comme en ce 18 juin 1815 qui scella, dans la morne plaine détrempée, le destin de l'Empereur. » Ensuite, l'émission *Cinq minutes qui ont changé le monde*, en 1973 sur la première chaîne de l'ORTF, avec une reconstitution en costumes « La garde recule ! Sauve qui peut ! » puis, au son des trompettes d'attaque, le commentaire monocorde lu d'une voix grave : « Le duc de Wellington peut donner le signal de l'assaut. Napoléon n'a plus d'armée. Sur le champ de Waterloo, il n'y a place que pour la mort héroïque, celle dont on fait les tableaux d'histoire. »

¶ ¶ ¶ Le duc de Wellington, né Arthur Wellesley, était un Irlandais qui avait épousé à la fois la cause militaire, en gravissant les échelons à la vitesse de son cheval, et la politique, en se faisant élire à la chambre des Communes puis en devenant conseil privé du roi d'Angleterre (il fut même Premier Ministre après Waterloo). Sa marche vers la gloire débuta dès 1814, dans une première campagne victorieuse contre les troupes françaises, depuis la péninsule Ibérique jusqu'à la bataille de Toulouse dont il rentra en héros national ; Napoléon, signant le traité de Fontainebleau, fut alors contraint à l'exil vers l'île d'Elbe. La suite est connue : moins d'un an plus tard, le retour de l'Empereur, sa reconquête du pouvoir, à nouveau face à lui une coalition internationale dont Wellesley (fait entre-temps maréchal, vicomte, marquis puis duc de Wellington, et ambassadeur en France) prit la tête des armées, et Waterloo.

¶ ¶ ¶ Pourquoi diable cet homme raide, peu avenant, aux traits durs et au parler abrupt, à qui furent étrangers les « doux sourires, flatteuses promesses, séductions de Cour, toutes ces ressources qui coûtent si peu aux ministres et coûtent cher aux nations » (*dixit* Charles Mullié dans *Biographie des célébrités militaires*), donna-t-il son nom à un mets délicat, savoureux, parfumé, doré, croquant dans la pâte, moelleux pour la viande : le bœuf en croûte ? De nombreuses versions ont traversé l'histoire. Coup bas des Anglais, après la bataille, afin d'humilier davantage les Français, amateurs de ce genre de plats à l'époque ? Goût prononcé de Wellington pour le bœuf accompagné de truffes et de madère ? Invention créée à l'occasion d'une réception à la mairie de Wellington, en Nouvelle-Zélande, ainsi que le suggère la « Maïté » de la BBC Clarissa Dickson Wight ? Idée plus tardive d'un chef britannique désireux, dans un élan patriotique, de transformer un classique gaulois en une légende british ? Analogie de forme avec la botte du duc, brillante et brune, qu'il portait plus courte que tout le monde, en dessous du genou (au reste, en anglais, les bottes en caoutchouc s'appellent des *Wellington boots* ou tout simplement des *Wellies*) ?

¶ ¶ ¶ Au fond, et alors que le bicentenaire de Waterloo a été célébré, en grande pompe, en juin 2015, peu importe ! Le bœuf Wellington demeure un incontournable des grandes maisons. Ainsi, le journaliste François Grosrichard raconte dans *Le Monde* du 29 octobre 2000 comment il en a dégusté à l'ambassade britannique à Paris, dans les salons mêmes où vécut l'illustre lord : « le clou du lunch ne pouvait évidemment qu'être le filet de bœuf présenté “à la Wellington”, c'est-à-dire en croûte, du nom de ce duc honni de Napoléon qui, en 1814, avait acheté le prestigieux hôtel de Charost à Pauline Borghèse, la jeune et très aimée sœur de l'Empereur, et qui fut le premier ambassadeur à y résider. » Six ans plus tard, le 6 novembre au soir, il en fut servi de l'autre côté du Channel aux chefs les plus renommés d'Europe, tous invités à la table du prince Charles, pour une opération séduction en faveur de la viande britannique, après les années de vache folle.

Le bœuf Wellington demeure un incontournable des grandes maisons

¶ ¶ ¶ Autre incertitude, la période où la dénomination s'est imposée. Sans doute assez vite après Waterloo, alors que Grimod de La Reynière et ses « jurys dégustateurs » affublaient les plats, dans leur *Almanach des gourmands*, d'un nom propre, soit pour apporter une touche évocatrice ou poétique, soit pour traduire les mentalités d'une époque pleine de rêves et d'ambition suite aux différents séismes politiques, ou tout simplement pour amplifier le plaisir gourmand. Antonin Carême reprit la mode à son compte dans *L'Art de la cuisine française au* XIXe *siècle* avec 808 recettes sur 1 347, soit plus des deux tiers, flanquées d'une appellation. Furent baptisés des filets de sole « à la Dugléré », du riz « Condé », le gibier « Rossini », une purée de champignons « Laguipière », le potage « à la Necker », etc.

☛ ¶ ¶ ¶ Après la chute de l'Empire, un autre phénomène entamé à la Révolution bouscule l'histoire culinaire : la libération du savoir. Détenu jusque-là par les maîtres queux dans les châteaux de l'aristocratie, il glisse peu à peu vers les grands appartements et les petits manoirs de la bourgeoisie. Dès lors, chaque maisonnée dispose de son propre patron aux fourneaux, « on le choie, on le ménage, on l'apaise quand il est fâché ; et tous les autres domestiques lui sont ordinairement sacrifiés », nous apprend Louis-Sébastien Mercier dans son *Tableau de Paris*. Le raffinement en profite pour succéder à l'abondance ; la nourriture, empilée jusque-là en masse, au fil de « services », laisse place à des produits, désormais présentés par « plats ». Faut-il parler d'un âge d'or de la gastronomie française ? François-René de Chateaubriand assure que « Les Français seuls savent dîner avec méthode, comme eux seuls savent composer un livre » (*Mémoires d'outre-tombe*). Quant à Jean Anthelme Brillat-Savarin, il martèle en 1828, dès les premières pages de la *Physiologie du goût* : « Dis-moi ce que tu manges : je te dirai ce que tu es. »

« Dis-moi ce que tu manges : je te dirai ce que tu es »

¶ ¶ ¶ Anobli d'un « Wellington », le bœuf en croûte se vit doté d'une parure resplendissante – bien que sa tonalité anglo-saxonne déplût parfois – pour s'afficher sur les cartes des restaurants qui, eux aussi en ce temps-là, prospéraient allègrement. Cependant, la tradition des viandes chemisées était ancrée de longue date dans les terroirs, depuis la « tourtière » limousine jusqu'au « pâté de Pâques » berrichon, en passant par le « pâté-croûte » champenois, ou autre « croustade » ; leur trace s'affirma chez Vincent La Chapelle en 1735 (*Le Cuisinier moderne*) par un « Pain de perdrix », ou un « Pâté de gigot de mouton » avec cette précision de l'auteur : « On peut faire des pâtés de bœuf [...] de la même manière. » Ces enrobages constituaient depuis le Moyen Âge une base solide de la cuisine seigneuriale ; la croûte ne se mangeait pas, elle aidait à la cuisson et favorisait la conservation. Joris-Karl Huysmans rappelle par exemple, dans *Là-bas*, que « Gilles [de Rais] mangeait des pâtés de bœuf et des pâtés de saumon et de brème ».

¶ ¶ ¶ Aujourd'hui, pour réussir un bon bœuf Wellington, le choix de la viande prime ; le cœur d'un très beau filet, à même de conserver tous ses sucs, s'impose. Il se verra badigeonné d'une duxelles de champignons de Paris et de girolles finement hachées. La pâte, elle, peut être briochée ou feuilletée ; la première gonfle davantage, avec une saveur de levure ; la seconde offre un croustillant plus agréable, apportant une notion de beurre en bouche. Quant à la cuisson, il convient de suivre attentivement les instructions, pour que la croûte se solidifie assez mais ne résiste pas sous la dent, pour que le filet demeure tendre sans se montrer trop saignant, pour que les champignons libèrent leurs arômes en évitant de ramollir. Ainsi, au prix d'une stratégie quasi guerrière digne de son inspirateur, le « Wellington », n'imposera pas une nouvelle débâcle dans la cuisine ; mieux, il produira auprès des convives un *effet... bœuf* !

Le bovidé a toujours occupé une place privilégiée auprès de l'homme. D'Apis, dieu de la Fertilité dans l'Égypte antique, à la vache sacrée en Inde, en passant par les hécatombes[1] chez les Grecs, ou encore le bœuf auprès de l'Enfant Jésus. Pendant longtemps, la viande fut réservée aux occasions exceptionnelles ou aux familles les plus aisées. C'est au XVIIIe siècle, note Marie-Hélène Baylac dans son *Dictionnaire gourmand*, que « la demande bourgeoise et populaire se modifie progressivement en faveur du bœuf ». Menon, dans *La Cuisinière bourgeoise* en 1746, précise : « ce que nous appelons basse boucherie [...] n'est d'usage que dans le bas peuple [...] Voici ce qui est d'usage chez les bourgeois et gens qui tiennent bonne table », et il énumère la cervelle, la langue, les rognons, la cuisse, l'aloyau, les entrecôtes, la poitrine, etc. L'engouement s'amplifie le siècle suivant, à tel point qu'Antonin Carême proclame sous la plume d'Antoine Gogué dans *La Cuisine française* : « Nous devons considérer le bœuf comme l'âme de la cuisine ».

1 Du grec ancien *hekatómbê* : sacrifice religieux de cent bœufs.

« Avec le bœuf Wellington, je voulais aborder une viande en croûte, pas simple à préparer, mais on doit pouvoir s'affranchir de cette difficulté. L'année 2015 marquant le bicentenaire de la bataille de Waterloo, nous souhaitions faire ce petit clin d'œil à l'histoire, et à la fameuse botte courte du duc qui causa la perte de Napoléon ! » *TM*

BOEUF WELLINGTON

Préparation :

- Demander à votre boucher de parer et dénerver le filet de bœuf (dans le cœur).
- Éplucher et hacher les échalotes.
- Nettoyer les champignons avec un papier absorbant humidifié et une petite brosse. Hacher les champignons.
- Préchauffer le four à 200 °C.
- Assaisonner la viande et la faire revenir quelques minutes dans une poêle avec les échalotes.
- Faire revenir les champignons de Paris et les girolles avec un peu d'huile d'olive sur un feu fort ; bien les dessécher. Assaisonner les champignons.
- Badigeonner le bœuf avec les champignons et enrouler le tout dans la pâte feuilletée découpée aux dimensions, il faut pouvoir fermer les côtés. Déposer le rôti sur un papier sulfurisé.
- Faire une décoration avec les chutes du feuilletage coupées en lanières et humidifiées à l'eau. Faire trois « cheminées » sur le dessus de la pâte.
- Réaliser une dorure au jaune d'œuf à l'aide d'un pinceau, et mettre à cuire au four pendant une vingtaine de minutes.

Ingrédients pour 4 personnes :

- **600 g de filet de bœuf**
- **150 g d'échalotes**
- **500 g de champignons de Paris**
- **300 g de girolles**
- **1 pâte feuilletée**
- **1 jaune d'œuf battu**
- **de l'huile d'olive**
- **sel**
- **poivre**

LES MOULES MARINIÈRES, ENTRE FRONT POPULAIRE ET BRADERIE DE LILLE

Le Front populaire a marqué l'histoire par ses grandes avancées sociales, comme la semaine de quarante heures, la naissance des conventions collectives, et surtout les congés payés. Quelques mois d'euphorie à partir de 1936, avant la période noire de l'Occupation et de la guerre. Les citadins profitaient alors de leurs nouvelles heures de temps libre pour s'échapper de l'enfer quotidien des villes. Quand leurs moyens le permettaient, ils tentaient l'aventure d'une semaine d'été à la mer, qu'ils découvraient pour la première fois. Sinon, le dimanche, les guinguettes faisaient florès. Jean Gabin, petit gilet de costume ouvert sur sa chemise, casquette rivée au crâne, marchait le long de la Marne aux côtés de l'accordéoniste Adolphe Deprince, saisissant ça et là une jeune fille par la hanche pour un tour de valse, et chantait : « Quand on s'promène au bord de l'eau / Comm' tout est beau... / Quel renouveau... / Paris au loin nous semble une prison ».

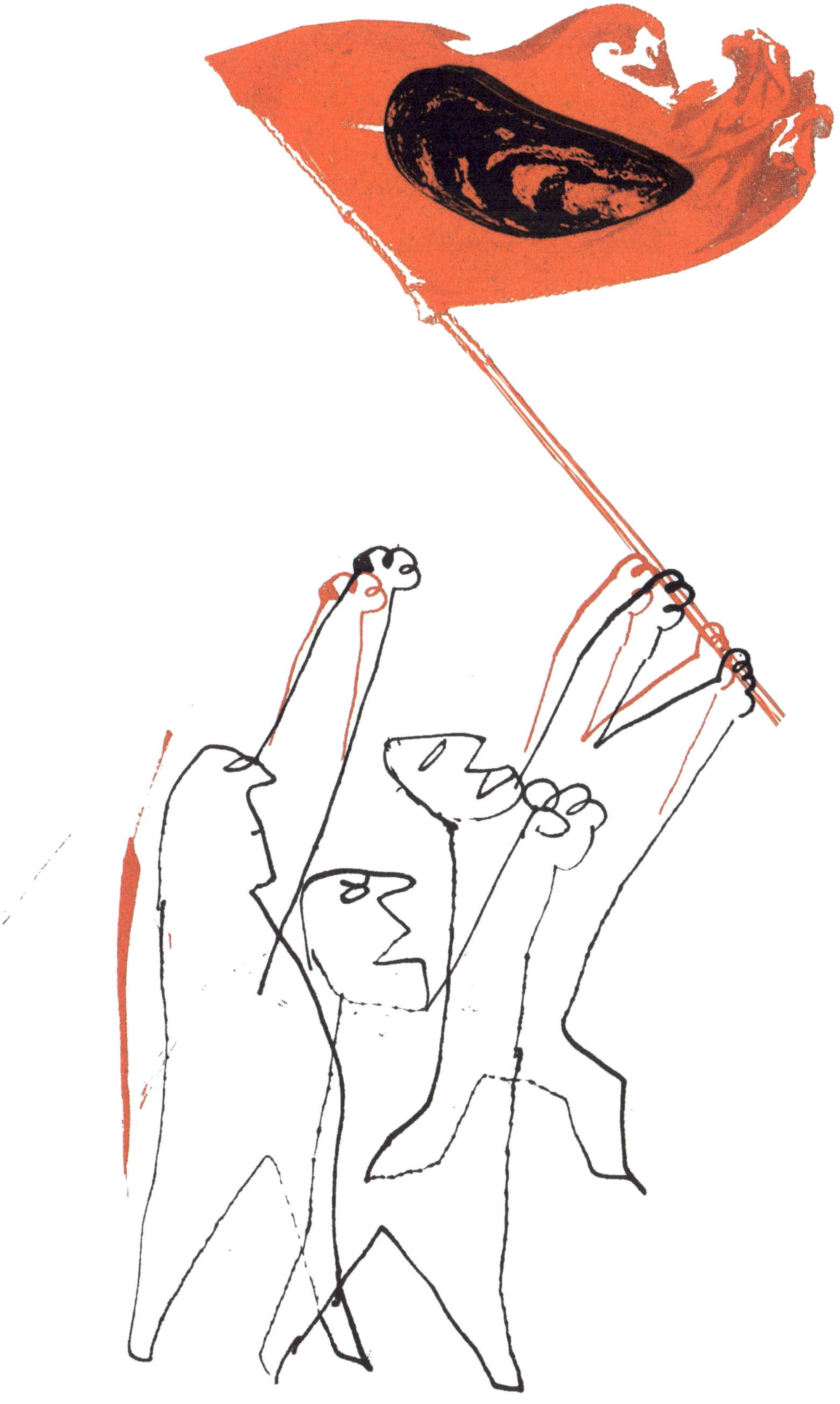

☛ ¶ ¶ ¶ Cette scène culte de *La Belle Équipe* de Julien Duvivier – qui devint un des succès radiophoniques de l'époque – rappelle que l'élan des loisirs, porté par le gouvernement de Léon Blum, permit un essor inattendu des petits établissements en bordure des rivières. Dans le film, cinq ouvriers chômeurs parisiens, qui gagnent un billet de loterie et sortent de la mouise, décident de racheter un ancien lavoir pour le transformer en une guinguette autogestionnaire ; la fin de l'histoire inventée par le pessimiste Duvivier était beaucoup moins idéaliste et virait au drame, à tel point que les producteurs demandèrent au cinéaste de tourner une version plus en phase avec l'esprit du Front populaire, version exploitée au cinéma jusque dans les années 60.

¶ ¶ ¶ À leur origine, un siècle et demi plus tôt, les guinguettes s'étaient installées aux portes des villes pour éviter l'octroi perçu par les municipalités sur chaque marchandise qui pénétrait leur enceinte. Dans *Paris historique*, Charles Virmaître raconte ainsi que « la chaussée de Mesnil-Montant était de temps immémorial fréquentée par une foule de Parisiens qui ne reculaient pas à gravir sa pente rapide pour se rendre aux guinguettes nombreuses sur sa hauteur », où l'on servait une piquette riche en soufre produite dans les vignes attenantes : le Clos Guinguet. D'où le nom générique de ces lieux qui, en 1860 avec l'agrandissement de la capitale, s'éloignèrent davantage pour gagner les bords de l'eau, histoire de marier les joies du canotage à celles du bien boire et du bien manger. Ainsi entre la seconde moitié du XIXe siècle et la première moitié du XXe siècle, les guinguettes se comptaient par centaines le long de la Seine, de la Marne, mais aussi près de Rouen, de Strasbourg, et d'autres grandes villes. Leur déclin survint après l'interdiction de la baignade en rivière ; elles entrèrent alors dans le domaine de la nostalgie telle que la clamait Alain Barrière en 1966, dans *Le Palmarès des chansons* sur la première chaîne de l'ORTF, accompagné par le Grand Orchestre de Raymond Lefèvre : « Si l'on pouvait retrouver les guinguettes / Dimanche au bord de l'eau »...

¶ ¶ ¶ Plat emblématique de ces lieux de grande convivialité : le moules-frites. Venant guincher là, toutes les extractions sociales sublimaient ce mélange simple et harmonieux, pas trop cher avec son petit verre de blanc, généreux dans l'assiette, assez protéiné par les moules et consistant par les frites pour servir de repas complet, aisé à réaliser même sans être un cuisinier averti, commode à servir sans artifice des arts de la table, amusant à déguster du bout des doigts, sans couverts. La Belgique en revendique la paternité, en 1875 sur le foirail de Liège, chez Fritz. À ce moment-là, ce Bavarois devenu pape des stands de fritures (impossible pour l'époque à cuire soi-même à la maison) était déjà mort mais sa veuve gérait encore d'une main de fer l'empire des baraques à frites qu'il avait construit. Pour l'historien Stéphane Spoiden (*French Food*), le moules-frites constitue même l'alliage culturel belge idéal, entre le mollusque flamand et la pomme de terre wallonne ! Avec parfois une guerre des tarifs, ainsi qu'en témoigne l'enquête de Pierre-Yves Grenu en 1991 sur TF1 : « Cela devient aussi cher, même plus cher qu'un steak. Les Hollandais augmentent eux-mêmes les prix, ils veulent en faire un article de luxe ! » Il n'empêche, le plat demeure indétrônable des cartes du Nord.

¶ ¶ ¶ La Braderie de Lille s'en est emparé, les « bradeux » acceptant de longues files d'attente à l'entrée des bistrots pour une simple portion, à en croire Gilles Guillon dans un reportage pour l'émission *Samedi chez vous*, présentée par Pierre Bonte sur France 3 en 1993 : « Cette coutume a donné naissance à une véritable compétition entre restaurants. C'est à celui qui servira le plus de moules pendant le week-end ; les coquilles vides sont ensuite entassées dans la rue comme preuve du score réalisé. Cela peut aller jusqu'à 7 tonnes pour un seul établissement. » Les amateurs apprécient le jeu de textures et de températures, le mariage inattendu entre une pomme de terre croustillante à l'extérieur et moelleuse à cœur, et une moule pleine d'arômes, d'iode, apportant une petite pointe d'acidité et un léger goût d'échalote.

Un mélange simple et harmonieux, pas trop cher avec son petit verre de blanc

La belle légende du marin irlandais

¶ ¶ ¶ Même si dans sa première émission *La Cuisine du soleil* sur FR3 en 1978, le chanteur Claude Robin (ancien diplômé de l'école hôtelière de Nice) préférait, pour sa recette de brouillade, des moules de Méditerranée (« Il ne faut pas celle d'Espagne qui est une grosse moule mais qui n'a pas tellement de goût, ni une moule de l'océan qui est très bonne mais n'irait pas pour cette recette ; il faut de la Bouzigues »), la plus consommée en France reste celle de l'Atlantique, où elle s'est ancrée un peu par hasard, en 1235. Cette année-là, après une terrible tempête, un navire irlandais fit naufrage entre les Charentes et la Vendée, dans l'anse de l'Aiguillon (récemment meurtrie par Xynthia). Seul un marin échoua à terre, Patrick Walton, qui pour survivre installa sur l'estran des filets tendus entre des piquets afin de capturer des oiseaux. Mais au fur et à mesure qu'il venait relever ses pièges, il se rendit compte que des jeunes moules se fixaient sur les bâtons et les filets balayés par les marées. Il augmenta alors la taille des pieux et les relia avec des clayonnages de branches, inventant le bouchot, contraction de deux mots gaéliques : signifiant clôture (*bout*) et bois (*choat*).

¶ ¶ ¶ La version est contestée par les autochtones qui affirment avoir pratiqué depuis le Xe siècle dans le marais poitevin une pêche dite « au bouchau », destinée à prendre les anguilles dans des maillages tendus entre deux montants, comme une vanne artificielle. Cette technique, reproduite en bord de mer par deux piquets en « v » agrémentés d'un filet pour les poissons, serait à l'origine du bouchot actuel. Pour appuyer leur revendication, les Charentais évoquent même une tenue locale que décrit Sylvie Girard-Lagorce dans *Grandes et Petites Histoires de la gourmandise française* : « La marinière est une blouse sans ouverture sur le devant qui descend un peu plus bas que la taille sans la serrer : la femme porte la marinière par-dessus sa jupe. » Là se trouverait l'origine de la cuisine « à la marinière », définie par le *Larousse gastronomique* : « Se dit de poissons, de crustacés ou de coquillages cuits au vin blanc, le plus souvent avec des oignons et des échalotes et en premier lieu des moules. »

¶ ¶ ¶ La belle légende du marin irlandais a-t-elle été créée de toutes pièces au milieu du XIXe siècle pour déjouer un projet d'assèchement de l'anse, ainsi que le défend Jean-Louis Mahé dans un *Essai pour une histoire de la culture des moules en baie de l'Aiguillon* ? Existe-t-il une tradition régionale moyenâgeuse, même peut-être bien avant ? Sans compter qu'une sépulture préhistorique vieille de 4 000 ans, à Beaurieux-la-Plaine en Picardie, recèle des « coquilles de moules d'eau douce » selon l'Association pour le sauvetage archéologique de la vallée de l'Aisne. Les Amérindiens, les Étrusques, les Romains semblaient de grands consommateurs ; la culture en bouchot ne fait, au fond, que prolonger l'histoire déjà racontée par le poète Ausone, vivant au IVe siècle aux alentours de Burdigala, l'actuelle Bordeaux : « C'est un mets délicieux, goûté des nobles, et un aliment de peu de dépense au foyer du pauvre. On ne va pas le chercher au sein d'une mer orageuse, en bravant des périls qui en doubleraient le prix ; mais au bord des eaux, quand la vague s'est retirée, on le recueille sur le rivage, parmi les algues dont il a la couleur. Il est enfermé dans les cavités d'une double écaille, qui, lorsqu'elle est échauffée par les vapeurs de l'eau bouillante, laisse voir nue la chair blanche comme le lait. »

¶ ¶ ¶ La moule est donc appréciée depuis longtemps par l'homme qui la décrochait des rochers, comme il continue à le faire de nos jours avec la pêche à pied à marée basse, en particulier sur la Côte d'Opale, où Wimereux accueille chaque année en juillet la fête de la moule ; y fredonne-t-on encore la comptine enfantine rendue célèbre par Jacques Martin ? En 1975 sur TF1, l'animateur l'entonnait sous forme de générique pour son *Petit Rapporteur* : « À la pêche aux moules, moules, moules / Je n'veux plus y aller maman / Les gens de la ville, ville, ville / M'ont pris mon panier maman »...

Olivier Roellinger, chef plusieurs fois étoilé et chantre de l'épice, est né à Cancale. Son regard d'enfant a donc vu, dans les années 60, les pieux commencer à envahir la baie du Mont-Saint-Michel, lorsque quelques mytiliculteurs charentais s'y installèrent après avoir quitté leur terre natale ; ils cherchaient davantage d'espace et un meilleur marnage (amplitude entre haute et basse mer) qui peut atteindre jusqu'à treize mètres dans cette partie du littoral. Pas surprenant de lire sous sa plume, dans *Couleurs de Bretagne* : « À marée basse, dans une marmoréenne immobilité, les légionnaires géants de très païennes centuries romaines montent la garde devant la très chrétienne abbaye du Mont-Saint-Michel. Voilà à quoi me font toujours songer, noires verticales dans la lumière pâle, les bouchots à l'alignement entre Cherrueix et Cancale. »

« Le moules-frites, c'est le rendez-vous des copains, c'est le Nord, la Belgique ; chaque fois que je vais chiner à Bruxelles, je vais manger des moules-frites. J'aime la cuisine de ces régions, elle est populaire, au bon sens du terme, elle s'est affranchie des codes. En plus, pour la petite histoire, c'est le plat de ma mère le samedi soir ! » *TM*

MOULES FRITES

Ingrédients pour 2 personnes :

- 1 kg de moules fraîches
- 1 oignon
- 300 g de pommes de terre
- 50 cl d'huile de colza et 50 cl d'huile d'arachide pour la friture
- 1 bouquet de persil
- 40 g de beurre
- 1 gousse d'ail
- 5 cl de vin blanc sec

Préparation :

- Laver les moules dans plusieurs bains d'eau froide, sans les laisser tremper. Gratter les coquilles. Enlever les filaments qui les relient entre elles.
- Éplucher l'oignon, le ciseler en petits dés.
- Éplucher les pommes de terre, les tailler en longs bâtonnets, les laver, puis les sécher.
- Préchauffer l'huile dans une friteuse.
- Laver le persil, l'effeuiller et le hacher finement.
- Dans une grande casserole ou une cocotte sur feu vif, faire suer l'oignon sans coloration avec la moitié du beurre et la gousse d'ail entière. Déglacer avec le vin blanc et dès que ce dernier bout, ajouter les moules et couvrir. Remuer régulièrement et ajouter le persil. Cuire 2 à 4 minutes, arrêter la cuisson à partir du moment où les moules sont ouvertes.
- Plonger les pommes de terre dans le bain d'huile à 160 °C pendant 4 à 5 minutes, les sortir avec une écumoire. Porter la température de l'huile à 180 °C, remettre les pommes de terre à cuire jusqu'à obtention d'une jolie coloration. Égoutter les frites sur un papier absorbant et les saler au sel fin.
- Servir les moules en cocotte et les frites à part.

LA CLÉMENTINE EST LA MÈRE ET LA DEMI-SOEUR DE L'ORANGE !

Michel Peyramaure a une tendresse particulière pour un de ses premiers romans, adapté à la télévision, *L'Orange de Noël*. Parce que la jeune institutrice, qui doit faire face au curé du village – où elle vient d'être nommée, peu après la séparation de l'Église et de l'État –, n'est autre que sa propre mère. Accueillie comme le diable en personne, Cécile réussit au fil des semaines à gagner la confiance des familles et voit son école de la République se remplir au détriment de l'établissement congréganiste de l'abbé Brissaud.

¶ ¶ ¶ Mieux, l'une de ses élèves, Malvina, fillette considérée comme une « demeurée » dans la région, sort de son mutisme grâce à la patience et au dévouement de Cécile. Elle apprend à lire, obtient son certificat d'études et deviendra institutrice à son tour ; elle est d'ailleurs la narratrice de l'histoire. À l'occasion des fêtes de Noël, la gamine offre une orange à sa maîtresse : « Il ne faut jamais trop attendre des plaisirs de la vie, me dit plus tard Cécile, mais les prendre comme ils se présentent, sans en écarter aucun. Ton orange – qui était excellente – tu en as fait je ne sais quel objet magique et tu as eu tort. La magie nous est donnée en plus, parfois, mais elle vient de nous-mêmes, si nous savons la susciter. »

Les enfants ouvraient l'écorce en s'amusant des éclaboussures qui leur piquaient les yeux

¶ ¶ ¶ Aucune magie donc dans ce simple fruit, sinon celle, pour nous, d'être désormais – comme toujours en cuisine – le reflet d'une époque, d'une société, d'un monde en mutation : au début du XXe siècle, la laïcité balbutiait et la pauvreté régnait ; l'orange, longtemps réservée aux tables royales, restait encore un produit de luxe. Aux étrennes, les enfants la recevaient enrobée dans un papier d'argent. Les yeux pétillants devant cette couleur inédite, ils ouvraient l'écorce en s'amusant des éclaboussures qui leur piquaient les yeux, s'enivraient de la puissante odeur du fruit, avant de le croquer à pleines dents et de sentir le jus merveilleux couler sur leurs lèvres et au fond de leur gorge. Ce n'était plus tout à fait le temps – dans les châteaux de la Cour ou des grands aristocrates – de ces très rares orangeries (celle de Versailles compta près de 1 000 arbres) destinées à une consommation élitiste ; ce n'était pas encore le règne d'une orange démocratisée grâce à l'essor des transports et à la mode américaine du jus au petit déjeuner.

¶¶¶ Aujourd'hui, l'orange est l'agrume le plus consommé au monde. Fruit de la saison hivernale, elle est d'abord une affaire d'olfaction sur les étals des primeurs, comme si son odeur portait le soleil des régions méridionales ou tropicales où elle est cultivée. Alphonse Daudet, dans les *Contes du lundi* en 1873 notait déjà qu'« en plein hiver pluvieux et froid, leur écorce éclatante, leur parfum exagéré dans ces pays de saveurs tranquilles, leur donnent un aspect étrange, un peu bohémien ». Avec elle, on fait le plein d'énergie, on prépare des heures toniques, on plonge dans une douceur luxuriante. Son exubérance a inspiré les plus grands artistes, de Prokofiev dans *L'Amour des trois oranges* à Gauguin par sa *Nature morte aux oranges*, ou encore Matisse. Apollinaire dans ses *Chroniques d'art* écrit : « Si l'on devait comparer l'œuvre d'Henri Matisse à quelque chose, il faudrait choisir l'orange. Comme elle, l'œuvre d'Henri Matisse est un fruit de lumière éclatante. » Apollinaire qui, lui-même, a composé un poème intitulé *Te souviens-tu mon Lou de ce panier d'oranges* : « Douces comme l'amour qu'en ce temps-là nous fîmes / Tu me les envoyas un jour d'hiver à Nîmes / Et je n'osai manger ces beaux fruits d'or des anges ».

¶¶¶ Originaire des contreforts de l'Himalaya, l'orange est à la fois chinoise et indienne. Ses premières traces remontent à plus de deux millénaires dans un texte sanskrit, le *Charaka Samhita*. Fille illégitime du citron et du mandarinier, elle est aussi la mère – et la demi-sœur – de la clémentine, puisque celle-ci est née, selon des études génétiques de la station de San-Giuliano en Corse, d'une hybridation entre le mandarinier et... l'oranger ! L'affaire remonte à la fin du XIXe siècle, dans un orphelinat en Algérie, à Misserghin près d'Oran. On dit que là, le frère Clément, chef de culture de l'institut Notre-Dame de l'Annonciation, observait une abeille qui butinait en alternance d'un bigaradier à un mandarinier. Intrigué, il tenta un croisement entre les deux, et obtint un fruit, vert à maturité, un peu moins odorant, facile à éplucher, et surtout sans aucun pépin. La vérité est-elle aussi belle que la légende ? Toujours est-il que le botaniste Louis Charles Trabut, fondateur de la Société d'horticulture d'Algérie, fut admiratif de cette découverte qu'il baptisa dans la *Revue horticole française* du nom de son auteur (et ami) le frère Clément : clémentine. ☛

« Et je n'osai manger ces beaux fruits d'or des anges »

¶ ¶ ¶ En France, le bigaradier fut introduit au XIe ou XIIe siècle par les croisés. À peine cent ans plus tard, le *Mesnagier de Paris* suggérait de confectionner avec son fruit, l'orange amère, une sorte de marmelade : l'« orangeat ». Quant à l'orange douce, elle est sans doute arrivée par le Portugal vers le XVe siècle. Elle entrait rarement en cuisine, sinon par quelque zeste aromatique afin d'agrémenter certains plats – dans la lignée de Taillevent déjà amateur, au Moyen Âge, de sensations de sucré-salé –, ou sous forme d'écorces confites en Provence. Produit de luxe jusque dans l'entre-deux-guerres – la fameuse « orange de Noël » – elle fut longtemps dédaignée des livres culinaires. Aussi céda-t-elle facilement la place à la clémentine, plus simple à manipuler, à la saveur plus douce et musquée, plus jolie aussi avec ses petits quartiers brillants et juteux.

« Vous savez que la clémentine a été découverte par hasard »

¶ ¶ ¶ Pendant longtemps encore, la clémentine resta importée, comme le notait cet article du *Monde* de février 1963 consacré aux Halles : « Des clémentines sont arrivées de Tunisie, transportées par avion ; elles se vendent 4 francs au stade de gros, et sont enlevées comme des petits pains. » Mais l'afflux de pieds-noirs en Corse après la guerre d'Algérie, dopa la production, qui avait pourtant débuté bien avant, à Figaretto, avec Don Philippe Semidéi : « Vous savez que la clémentine a été découverte par hasard au début du siècle par le moine Clément. À ce moment-là, j'ai été intéressé par des articles de journaux concernant cette nouveauté agrumicole, j'ai essayé d'avoir des greffons, et vers 1925 j'ai greffé mes premiers clémentiniers. » Celui qui devint par la suite président de la chambre régionale d'agriculture s'exprimait ainsi dans un reportage de l'ORTF, en 1969, où l'on apprenait également, par la bouche de Louis Blondel, alors directeur de la station de San-Giuliano, que « la Corse fut, pendant longtemps, un gros producteur de cédrat. Or cette espèce est très sensible au froid. Par conséquent, si le cédratier a pu être cultivé, on peut dès lors cultiver des espèces plus rustiques comme le clémentinier par exemple. »

« Un vrai produit-signature qui parcourt le monde entier »

¶ ¶ ¶ Près de 20 000 tonnes de clémentines sont produites chaque année en Corse, par cent cinquante professionnels rassemblés sous une indication géographique protégée (IGP), garante d'une qualité exceptionnelle pour ce fruit que les grands chefs et les meilleurs chocolatiers attendent avec impatience, dès la mi-novembre. Son parfum, sa saveur mêlant une douceur et une pointe acidulée que n'offrent pas les autres clémentines du Bassin méditerranéen font de celui de la plaine d'Aléria, avec ses deux ou trois feuilles vertes accrochées à la tige, un vrai produit-signature qui parcourt le monde entier. Il s'écrit dans les répertoires salés (salade avec du fenouil ou des crevettes, émulsion pour des poissons, poudre sur des Saint-Jacques, compote accompagnant des poissons gras) autant que sur des partitions sucrées (gratin, confiture, bonbons confits ou glacés, et salade toute simple de quartiers comme nous le proposons ici).

¶ ¶ ¶ Bref, un fruit parfait, qui ramène à la magie de la petite Malvina de Michel Peyramaure. Si cette dernière avait grandi dans les années 80 et non au début du XXe siècle, elle aurait pu suivre Dorothée à la télévision, dans *Récré A2*, et reprendre en chœur le générique du dessin animé *Clémentine* : « Clémentine, quand tu fermes les yeux, tu devines le merveilleux. » Nous aussi, dès qu'on la croque...

« Voilà quelque chose de simple à préparer, mais qui a de la classe. La salade de clémentines évite de se casser la tête, c'est joliment présenté, il y a du goût, de l'arôme. J'adore ! Sans oublier le côté visuel, primordial. Sur une table, votre salade va prendre beaucoup de lumière et égayer la fin du repas. » *TM*

SALADE DE CLÉMENTINES

Ingrédients pour 4 personnes :

- ¶ 8 clémentines
- ¶ 1 citron vert
- ¶ du sirop de sucre de canne
- ¶ de la menthe fraîche

Préparation :

¶ Éplucher les clémentines, les couper en tranches, et récupérer le jus (au besoin presser une ou deux clémentines supplémentaires à part).

¶ Râper le zeste du citron vert. Presser le citron vert, puis mélanger le jus des clémentines avec le zeste et le jus du citron vert.

¶ Dresser les tranches dans des assiettes creuses, arroser du jus obtenu et d'un peu de sucre de canne (on peut aussi simplement assaisonner d'un trait de jus de citron et de quelques grains de sucre de canne).

¶ Décorer le tout d'un petit bouquet de menthe ciselée. Laisser reposer 15 minutes au frais et déguster.

LE LAPIN À LA MOUTARDE A PROLIFÉRÉ DANS LES BISTROTS APRÈS L'ÉPIDÉMIE DE MYXOMATOSE !

Le château de Maillebois, près de Dreux dans l'Eure-et-Loir, connut une riche histoire. Forteresse moyenâgeuse avec ses tours carrées flanquées d'autres tours rondes, ses mâchicoulis, ses murailles épaisses et son pont-levis, mâtinée de Renaissance par sa façade en brique rouge aux grandes fenêtres et son toit pointu, elle fut la propriété de François d'O, le surintendant des finances d'Henri III, puis d'une famille dont l'un des descendants devint marquis de Maillebois et maréchal de France, avant d'échoir par alliance à un certain Paul Armand-Delille.

¶ ¶ ¶ Ce dernier, au début du xxe siècle, était à Paris un mandarin de la pédiatrie, bactériologue de renom, spécialiste des maladies infectieuses chez l'enfant. Ses travaux sur la malaria lui avaient valu d'être fait commandeur de la Légion d'honneur. Autant dire que virus et contagions n'avaient guère de secret pour ce membre de l'Académie de médecine, vice-président de la Société de biologie.

LAPIN SENTANT LA MOUTARDE
LUI MONTER AU NEZ.

¶ ¶ ¶ Fort des services, bons et loyaux, qu'il rendit à la santé publique, l'homme se retira à la fin de sa vie sur ses terres campagnardes. Généreux, humain, il prodiguait alors, à titre gracieux, des soins courants auprès des villageois qui le voyaient parfois, l'été, se promener en bermuda sur les chemins alentour, ou chasser les papillons. À son fils Lionel, ingénieur agronome, il avait confié la tâche de gérer et cultiver la vaste propriété. Tellement vaste, trois cents hectares, que des centaines de lapins y vivaient à demeure de génération en génération. Or, comme chacun sait, l'animal se reproduit à grande vitesse (Pline l'Ancien raconte dans son *Histoire naturelle* que, les lapins s'étant tellement multipliés dans les Baléares, les habitants demandèrent des secours à l'empereur romain Auguste ; l'une des îles de l'archipel, Cabrera, porte d'ailleurs le nom de *Illa del Connils*). À Maillebois, quatre mille étaient tués chaque année, à l'aide de furets, sans jamais parvenir à une éradication totale.

¶ ¶ ¶ Eurêka ! Le vieux professeur eut l'idée, qu'il pensait géniale, d'inoculer sur deux bêtes, au printemps 1952, un virus découvert en Uruguay un demi-siècle plus tôt, éminemment contagieux et mortel, la myxomatose. En six semaines, quatre-vingt-dix pour cent des léporidés qui infestaient le domaine furent, *de facto*, décimés ; en un mois, toute la région était touchée, en trois ans la France entière ne comptait presque plus de lapins. Le geste du docteur Paul Armand-Delille fut salué par les fermiers et les forestiers, réprouvé par les éleveurs, les chasseurs et les fourreurs ; un procès intenté contre lui demeura lettre morte, la loi qui sanctionne l'auteur d'une épizootie volontaire ayant été votée seulement en 1955, suite à cette affaire.

« La viande de lapin est peu grasse, elle est conseillée pour les régimes hypocaloriques et hypocholestérolémiques. »

¶ ¶ ¶ Est-ce pour relancer, après vaccination, la production de la filière anéantie, que le lapin retrouva grâce en cuisine – jusque-là sa « chair fade » (Prosper Montagné) marquait un « plat né dans les loges de concierge » (Honoré de Balzac) ? Sans doute pas. Mais le lapin moutarde devint alors très populaire dans les bistrots. Peu à peu, le plat proliféra (lui aussi), de chez soi à la cantine, de l'auberge vers le palace, pour atteindre l'apogée de sa gloire au cours des années 70. « Dans les foyers, remarque Claire Pichon au chapitre de son livre *Retour vers la cuisine* consacré à cette période, la cuisine se simplifie : on a toujours le goût du fait maison et du bon petit plat (on apprécie un beau lapin à la moutarde), mais si l'on peut éviter de se compliquer la vie, c'est bien aussi ! » En cette période de « retour aux sources », la bestiole révélait ses qualités nutritives. « La viande de lapin est peu grasse, soulignait la conseillère familiale Michèle Gaudin dans un reportage de FR3 Bourgogne en 1988, elle a très peu de lipides, et elle est conseillée pour les régimes hypocaloriques et hypocholestérolémiques. »

¶ ¶ ¶ Succès étonnant car, depuis toujours, le lièvre avait été préféré pour son goût plus prononcé. Olivier de Serres, au début du XVIIe siècle dans son *Théâtre d'agriculture et mesnage des champs*, le clamait haut et fort : « les connins du tout sauvages sont les meilleurs ; les pires sont ceux de clapiers ; les moiens sont ceux de garenne ». Animal plus noble, réservé à la chasse, le lièvre était le roi du civet, alors que le lapin de clapier, appelé aussi « de chou » en raison de sa proximité avec le jardin potager, restait tout juste bon pour les tables ordinaires. « On se plaît à dire que le garenne est gibier de prolétaire, précisait Paul Mégnin dans le journal *Le Temps* en 1929 ; ce n'était point l'avis de Louis XVI, le premier de nos rois qui permit aux paysans de tirer des lapins et qui, dans son ordonnance de 1776, édictait que : "Attendu les dommages que les lapins causent, nous vous encourageons à les chasser et à en tuer le plus possible. D'autant plus que l'on fait d'excellents coulis avec leur chair." »

☛ ¶ ¶ ¶ Déjà, dès la fin du XIVe siècle, Taillevent proposait, dans *Le Viandier*, d'en « bouillir en ung pot dedens du bouillon de beuf a le faire cuyre, puis prenes gingembre, canelle, et menues espices ». Il s'agissait à coup sûr du lapin, puisqu'une autre entrée du livre s'intitulait : « Pour faire cive de lievre ». Le premier des écrivains gastronomes usait tout de même d'épices, de cannelle et de gingembre afin de relever cette viande maigre et sans saveur dont l'odeur, à l'inverse, se montrait parfois gênante. Un rôle que joue désormais la moutarde, condiment, avec le poivre, le plus utilisé et le plus ancien au monde. Quelque Néanderthalien un peu distingué eut-il le bon goût d'en mastiquer les graines en même temps que sa viande avariée dont il voulait camoufler le bouquet ? Au fil des siècles, toutes les civilisations en consommèrent, depuis les Chinois où de nombreuses variétés furent créées, jusqu'aux Romains qui lui donnèrent le nom de *mustem ardens*, « moût brûlant », en passant par les Indiens ou les Proche-Orientaux.

Plusieurs terroirs revendiquent aujourd'hui la fabrication d'une moutarde de qualité

¶ ¶ ¶ Pour sa fabrication, un principe simple mais fondamental doit être respecté : trouver l'équilibre des trois tiers, en volume, entre les graines noires (la plupart viennent du Canada), un acidifiant (le plus souvent du vinaigre, pourquoi pas de miel) et un mouillant (de l'eau dans les moutardes très bon marché, sinon du vin, du cidre ou de la bière). « Il faut écraser le tout au mortier, poursuivait le producteur Patrice Boudignat en 2015 à Provins dans *Les Carnets de Julie* sur France 3, à l'origine cela se faisait avec des petits moulins à meule de pierre, devant lesquels une ribambelle d'artisans repassait en permanence la moutarde, de manière à ce que, au fur et à mesure, elle puisse devenir extrêmement lisse. » Plusieurs terroirs revendiquent aujourd'hui la fabrication d'une moutarde de qualité : la Brie, Charroux en Auvergne, Brive-la-Gaillarde en Corrèze, Orléans, Beaune en Bourgogne, Reims, l'Alsace, etc. Celle de Dijon, d'après Frédéric Zégierman (*Les Recettes qui font la France*), « remonterait au XIIe siècle. Deux siècles plus tard, comme l'atteste un proverbe ("il n'est moutarde qu'à Dijon"), ce produit devient l'orgueil de la cité. »

¶ ¶ ¶ Il n'empêche, la moutarde est-elle toujours aussi prisée qu'autrefois ? Pas sûr, à croire la campagne de publicité lancée dans les années 2000 par le groupe propriétaire des marques phare sur le marché, Maille et Amora : des photos humoristiques « comme les clichés volés d'un *road movie* à l'américaine, doucement arrachés au quotidien, à la fois "trash" et poétiques, généreux et extrêmement léchés », selon un article du *Figaro* de l'époque. L'une des images racontait – avec pour sous-titre « ce midi, c'était lapin à la moutarde » – l'étreinte de deux personnes âgées dans la cantine d'une maison de retraite.

¶ ¶ ¶ Faut-il en conclure que ce mets, d'un classicisme parfait, pour ne pas dire d'une banalité absolue, serait le meilleur vecteur des relations humaines ? Il n'est pas exempt en tout cas d'émotions intimes, qui ramènent parfois aux jeunes années. L'animateur Claude Villers se souvient ainsi, dans le livre de Francis Tessandier *La Cuisine de notre bistrot préféré : Chez Francis*, que « ma douce "Mémère Marie" me demandait d'aller lui chercher un lapin dans le clapier. [...] une fois réceptionné, l'animal dans une main de ma "mémère" recevait de l'autre un coup de son battoir à lessive, l'estourbissant proprement. [...] elle entreprenait de le dépouiller de sa belle fourrure que j'aimais tant caresser. La semaine prochaine elle la revendrait au marchand qui l'emporterait avec d'autres – au bout de son bâton sur l'épaule – en chantant son refrain "peau de lapin, – peau." »

¶ ¶ ¶ Sinon, pour retomber complètement en enfance, on peut aussi entonner l'inoxydable chanson de Chantal Goya : « Ce matin, un lapin... »

« Nous sommes là, avec le lapin à la moutarde, face à un vrai plat de bistrot, que l'on trouvait aussi dans les relais de routiers, avant l'époque des aires d'autoroutes. Soyons tout de même honnêtes avec la chair du lapin : elle manque de relief. D'où cette croûte de moutarde, tout autour, qui offre un rissolage intéressant, et surtout qui donne un piquant en bouche que, pour ma part, j'aime bien. » *TM*

LAPIN À LA MOUTARDE

Ingrédients pour 4 personnes :

- 1 lapin découpé (ou 4 cuisses)
- moutarde forte
- romarin
- 50 g de beurre clarifié
- 25 cl de crème fleurette
- 2 petits verres de cognac
- 50 g de beurre
- sel
- poivre

Préparation :

¶ Demander à votre boucher de séparer les deux cuisses arrière et les deux pattes avant du lapin, badigeonner les morceaux généreusement de moutarde forte (elle perdra de sa force à la cuisson), les placer dans une cocotte en fonte. Saler, poivrer, ajouter le romarin effeuillé, et cuire à couvert à feu modéré dans le beurre clarifié (dont on a retiré le petit-lait). Au bout de 15 minutes, retourner les morceaux pour les cuire 15 minutes de l'autre côté. Les retirer et les réserver. Ajouter la crème fraîche à la sauce de cuisson, porter à ébullition pour dissoudre les sucs.

¶ Dans une casserole, faire flamber le cognac, le verser sur la sauce, remettre 2 cuillerées de moutarde et mixer pour monter la sauce au beurre. Servir les cuisses nappées de la sauce épaisse. On peut accompagner de pommes de terre rissolées ou de tagliatelles fraîches.

SANS LA MONTÉE À PARIS DES FÉDÉRÉS DE MARSEILLE, Y AURAIT-IL JAMAIS EU DE TOMATE FARCIE ?

Dans la galerie du premier étage de l'hôtel de ville de Marseille, ce petit bâtiment historique orné de deux frontons latéraux sur le Vieux-Port, une plaque de marbre aligne, à droite de l'entrée du bureau du maire, les noms de vingt hommes, morts « en combattant pour la liberté ». Volontaires pour la plupart d'entre eux, ils appartenaient au bataillon des fédérés appelé en renfort pour défendre Paris et la Révolution, en 1792. En effet, face à l'avancée des Autrichiens – que Louis XVI attendait avec impatience pour restaurer la Monarchie –, l'Assemblée législative convoqua, le 8 juin, vingt mille gardes nationaux des grandes villes de province. Marseille enrôla à cette fin cinq cents jeunes gens de dix-huit à vingt-cinq ans. L'un de ces gaillards, Pierre Micoulin, un « nouvelliste » de l'époque, auteur d'un journal de bord – dont l'histoire fut contée dans le film *La Marseillaise et les Marseillais*, diffusé en 1989 sur France 3 – s'écria : « Notre cœur battait ! Nous étions tous fils, frère, époux, et moi-même j'étais un enfant... »

¶ ¶ ¶ À leur tête, un garçon de vingt-deux ans, futur général de brigade de Bonaparte, François Mireur. Ce capitaine des gardes de Montpellier avait été chargé d'organiser la fusion des volontaires du Midi. Il fut reçu à Marseille avec les honneurs par la Société des amis de la Constitution. Là, rue Thubaneau, il entonna le 22 juin un chant entendu dans sa ville, qu'il trouvait très enthousiasmant. Écrit deux mois plus tôt à Strasbourg par un capitaine du génie, poète à ses heures, Claude Joseph Rouget de Lisle, le texte devait au départ donner du courage à l'armée du Rhin. Ce furent en fait les fédérés marseillais qui l'adoptèrent et qui, tout au long du trajet entre la Méditerranée et la capitale, du 2 au 29 juillet, le martelèrent à gorge déployée ; leur arrivée triomphale fut portée par cet hymne aux accents guerriers et patriotiques qui séduisit les Parisiens et les autres gardes nationaux de province. Baptisé dans un premier temps « chant des Marseillais », il devint très vite « La Marseillaise ».

La Révolution, c'était bien beau, mais il fallait se nourrir !

¶ ¶ ¶ Dans leur fougue, les volontaires méridionaux – ils furent au cœur de la prise des Tuileries qui déboucha sur la Première République et la condamnation à mort de Louis XVI – réclamaient des forces ; la Révolution, c'était bien beau, mais il fallait se nourrir ! Avaient-ils emporté dans leur besace des fruits et légumes de leur terroir, par exemple les belles tomates rouges encore méconnues dans le nord ? En trouvèrent-ils dans les rares établissements parisiens tenus par leurs compatriotes, comme celui des Frères Provençaux ? Toujours est-il qu'à l'orée du siècle, la France eut un appétit inédit pour ce que les botanistes, et quelques cuisiniers de l'époque appelaient encore la « pomme d'or » ou « pomme d'amour », autrement dit la tomate.

¶ ¶ ¶ À ce propos, Grimod de La Reynière admet, dans la première édition de son *Almanach des gourmands* en 1803, que « Ce légume ou fruit, comme on voudra l'appeler, étoit presqu'entièrement inconnu à Paris, il y a quinze ans. C'est à l'inondation de gens du midi que la Révolution a conduits dans la capitale, où presque tous ont fait fortune, qu'on doit de l'y voir acclimaté. D'abord fort cher, il est ensuite devenu très-commun, et dans l'année qui vient de finir, on le voyoit à la Halle par grands paniers, tandis qu'il s'y vendoit auparavant par demi-douzaines. »

¶ ¶ ¶ Ainsi la Révolution française eut-elle pour conséquence inattendue d'assurer la promotion et l'essor commercial de la tomate, et peut-être même de la tomate farcie, grâce au même Grimod de La Reynière. De prénoms Alexandre Balthazar Laurent, l'homme était d'une lignée de fermiers généraux, ces financiers chargés de la collecte des impôts indirects. Son père « passoit pour tenir l'une des tables les plus recherchées de Paris », selon son propre aveu ; sa mère accueillait dans leur hôtel particulier, sur les Champs-Élysées, les personnalités très en vue dans la société. Seulement voilà, une infirmité de naissance (ou un accident au berceau ?) lui laissa des moignons aux bras. D'après Alexandre Dumas, dans son *Grand Dictionnaire de cuisine*, « à force de combinaisons, il était parvenu à faire des débris qui lui restaient des moyens aussi souples qu'auraient pu l'être ses mains mêmes. » Cela ne l'empêcha pas d'être mal aimé de sa famille, qui l'exila dans un couvent lorrain, où il apprit l'art du bien manger.

« Nous ne connoissons même que cette manière d'accommoder les pommes d'amour »

¶ ¶ ¶ Héritant de la fortune familiale à la mort de son père, Grimod de La Reynière se consacra alors à la critique gastronomique, activité nouvelle pour l'époque, mais prometteuse à en croire le succès fulgurant de son *Almanach des gourmands*, réédité à de multiples reprises. Dans cet ouvrage, dont la première mouture parut en janvier 1803, il jeta sur le papier une recette inconnue – sans doute expérimentée lors d'une des tablées d'amis qu'il organisait chez lui – mettant en scène ces fameuses tomates, cantonnées chez les maîtres queux à quelques sauces : « Mais ce n'est pas seulement aux fonctions d'auxiliaire que les pommes d'amour bornent leur service. On en fait un plat d'entremets délicieux : après avoir ôté les pépins, on les bourre d'une farce savante, ou même tout uniment d'une simple chair à saucisses dans laquelle on a mêlé une gousse d'ail »...

¶ ¶ ¶ Fier de sa trouvaille, Grimod en revendiquait haut et fort la primeur : « Comme ce mets est nouveau à Paris, la recette ne s'en trouve dans aucun dispensaire, et nous croyons ajouter au mérite de cet Almanach, et acquérir quelques droits à la reconnoissance de nos gourmands concitoyens en la consignant ici. Nous ne connoissons même que cette manière d'accommoder les pommes d'amour ».

¶ ¶ ¶ L'année suivante, à l'occasion de la troisième édition « revue et augmentée » du livre, il ajoutait à sa préparation « un tiers de mie de pain rassis ». Ce qui indigna Lucien Tendret, auteur de *La Table au pays de Brillat-Savarin* : « Les tomates farcies de Grimod de La Reynière sont un mets grossier : la chair à saucisse mêlée à de la mie de pain est une piètre farce. » Cet avocat originaire de l'Ain, pays de haute cuisine, a servi de modèle – même si certains y virent plutôt Curnonsky ou Brillat-Savarin – à Marcel Rouff pour *La Vie et la passion de Dodin-Bouffant, gourmet*, un roman dans lequel on peut lire en tout cas : « Il savoura ce que son goût aiguisé lui révéla aussitôt : les deux tranches d'une chair de homard à la fois séparées et réunies par une farce où se distinguait nettement la douceur de la viande nouvelle d'un très jeune porc de lait »...

Un certain Bonaparte aurait donné un empire pour la déguster

¶ ¶ ¶ À l'évidence, la farce existait bien avant la Révolution. Claudine Brécourt-Villars prétend, dans *Mots de Table, Mots de Bouche*, qu'elle fut attestée « au XIIe siècle au sens de hachis d'aliments (légumes, viande, volaille, poisson, etc., liés avec des œufs, un corps gras et diversement aromatisés), destiné à garnir l'intérieur de certaines préparations culinaires (galantines, ballottines, godiveaux, quenelles). » En somme, la belle idée pour utiliser les restes sous toutes leurs formes... « Le génie du recyclage gourmand, s'extasiait Stéphane Durand-Souffland dans *Le Figaro* en 2014, a fait de la cuisine française un monument à nul autre pareil [...] Le cochon devient rôti, le rôti devient farce [...] Rien ne se perd, tout se transforme dans une création effrénée qui fait de chaque ménagère un Lavoisier des fourneaux. »

¶ ¶ ¶ Les farcis niçois – des bouchées de taille un peu plus réduite – appartiennent à ce patrimoine. L'une des icônes de la cuisine locale, Hélène Barale, qui tenait un restaurant-musée au 39 rue Beaumont à Nice, confectionnait sa farce avec du jambon, du petit salé, des feuilles de blette, de l'oignon, de l'ail, du riz, des œufs, de la chapelure et du fromage. Elle y incorporait aussi parfois la chair des légumes évidés. En Provence, la tomate farcie est une tradition de longue date. « Quand on était petit, se souvenait en 2004 un habitant de Bormes-les-Mimosas dans un reportage de TF1, il y avait toujours le four au boulanger ; et nous, dans les maisons, on n'avait pas de four. On amenait le plat de farci chez le boulanger, il le cuisait, on venait le rechercher, on se régalait. Une fois par semaine, on avait droit au farci, en général le lundi. »

¶ ¶ ¶ Le choix de la tomate est aujourd'hui primordial pour la réussite de la préparation. La cœur de bœuf se marie avec bonheur à la farce, pourquoi pas la plate de Châteaurenard ou la saint pierre, mais la marmande reste inégalée en la matière. Implantée dans la vallée de la Garonne depuis qu'au XIXe siècle les viticulteurs virent la maladie s'emparer de leurs vignes et se rabattirent sur sa culture, elle est reconnaissable « par sa forme légèrement aplatie, très côtelée, avec une grosse tache pistillaire » ainsi que l'expliquait un producteur, Jean-Pierre Marchand, dans *La Météo à la carte* en 2013 sur France 3, avant de conclure : « c'est très gustatif et très charnu ; que de la chair, très peu de pépin, un régal ! »

¶ ¶ ¶ Le XIXe siècle aura donc été, sans conteste, celui de la « pomme d'amour ». Grâce au phylloxéra qui, après les années 1860, décima les vignes du Sud-Ouest (mais pas seulement) pour lui faire davantage de place dans les campagnes. Grâce surtout à la période post-révolutionnaire – Directoire et Consulat – durant laquelle le pays tout entier s'est entiché de la tomate farcie ; il paraît même qu'un certain Bonaparte aurait donné un empire pour la déguster...

« J'aime bien les tomates farcies comme les faisait ma grand-mère. Cela m'arrange bien que la viande, dont je ne suis pas amateur, y soit archi-cuite. J'apprécie aussi la texture de la tomate, le goût légèrement amer de sa peau. L'échange entre l'humidité du fruit (90 % d'eau) et la viande qui s'en nourrit pour rester moelleuse, avec la pointe d'ail qui va bien, en fait un délice. » *TM*

TOMATES FARCIES

Note : Pour ceux qui ne mangent pas de porc, on peut utiliser 900 g de bœuf haché.

Ingrédients pour 6 personnes :

- 6 tomates cœur-de-bœuf
- 2 oignons
- 1 gousse d'ail
- 1/2 botte de ciboulette
- 600 g de chair à saucisse
- 300 g de bœuf haché
- 2 cl d'huile d'olive
- 40 g de beurre doux
- sel fin
- poivre

Préparation :

- Préchauffer le four à 240 °C.
- Couper le chapeau des tomates et les évider un peu pour faire la place à la farce. Les disposer dans un plat allant au four.
- Éplucher les oignons et les ciseler finement. Éplucher l'ail et ôter le germe au milieu. Couper la ciboulette. Malaxer le tout avec la viande, l'huile, le beurre, le sel et le poivre. Garnir les tomates avec la farce obtenue.
- Enfourner les tomates sans leur chapeau. Cuire 30 à 45 minutes (pour vérifier, plonger la pointe d'un couteau à cœur et poser sur sa main, cela ne doit pas brûler, mais être chaud), ajouter les chapeaux et remettre au four pendant 5 minutes.
- Servir (éventuellement avec du riz blanc, mais ce n'est pas nécessaire), et napper de la sauce de cuisson à laquelle on aura rajouté un peu d'huile d'olive en fouettant bien.

TABLE DES RECETTES

¶ ¶ ¶ Marion Chatelain remercie : Mathilde de L'Écotais pour cette agréable collaboration, le chef Thierry Marx pour sa confiance et l'équipe de « Cuisine mode d'emploi(s) » pour son accueil.

¶ ¶ ¶ Elle remercie également : Pillivuyt (pillivuyt.fr) pour la vaisselle Jazz et Email noir (pages 17, 105, 183, 223), Annie Mauffrey (anniem.net) pour ses céramiques artisanales (pages 25, 65, 137, 215).

BIBLIOGRAPHIES

Bernard Thomasson

Je voulais vous donner des nouvelles, nouvelles, Odile Jacob, 2009

Ma petite Française, roman, Seuil, 2011

Guide de voyage météo, avec Louis Bodin, Odile Jacob, 2013

Un été sans alcool, roman, Seuil, 2014

42 km 195, roman, Flammarion, 2015

Thierry Marx

Planète Marx, Minerva, 2006

Easy Marx, Éditions de La Martinière, 2007

Sweet Marx, Éditions du Rouergue, 2010

Street Marx, Éditions du Rouergue, 2011

Bon !, avec Jean-Michel Cohen, Flammarion, 2011

Daily Marx, avec Sandrine Quétier, Éditions de La Martinière, 2011

Best of Thierry Marx, Les Éditions Culinaires, 2012

Répertoire de la cuisine innovante, avec Raphaël Haumont, Flammarion, 2012

Système D, Flammarion, 2013

Paris Marx, Flammarion, 2014

L'Homme positif, Michel Lafon, 2015

Thierry Marx

¶ ¶ ¶ Chef créatif et innovant aux inspirations multiples, Thierry Marx, deux étoiles au guide *Michelin* pour le restaurant *Sur Mesure* au Mandarin Oriental dont il dirige la Restauration, est également très investi dans la formation des futurs cuisiniers.

Bernard Thomasson

¶ ¶ ¶ Bernard Thomasson est écrivain et journaliste. On le retrouve sur France Info les samedi et dimanche de 17 h à 19 h. Il a déjà publié trois romans et un recueil de nouvelles.

Serge Bloch

¶ ¶ ¶ Auteur et illustrateur dans l'édition jeunesse, Serge Bloch pratique également le dessin de presse et collabore avec d'illustres titres tels que le *New York Times*, le *Wall Street Journal* ou le *Times*.

Mathilde de l'Écotais

¶ ¶ ¶ Mathilde de l'Écotais photographie sa passion : l'art culinaire. Elle intervient également à la direction artistique, le design, la réalisation de food art et le stylisme culinaire pour des chefs étoilés tels que Thierry Marx ou Alain Ducasse.

REMERCIEMENTS

¶ ¶ ¶ Je tiens à remercier Bernard Thomasson et toute l'équipe de France Info pour avoir initié ce merveilleux livre. Je remercie également l'équipe de Mathilde de l'Écotais et Marion Chatelain pour les photos, le graphisme et le stylisme culinaire.

Thierry Marx

¶ ¶ ¶ Merci à Marie.

Bernard Thomasson

¶ ¶ ¶ Les Éditions de La Martinière remercient les Éditions Radio France et Anne-Julie Bémont pour leur collaboration.

Département éditorial Art de Vie

Photogravure : Articom

Cet ouvrage a été achevé d'imprimer en septembre 2015
sur les presses de l'imprimerie Pollina à Luçon - L 73579
Dépôt légal : octobre 2015
Imprimé en France